일상과 예술 속의 커뮤니케이션

이화 한국학총서 10

일상과 예술 속의 커뮤니케이션

함인희 외 지음

이화여자대학교출판부

일상과 예술 속의 커뮤니케이션

펴낸날 초판 1쇄 2014년 12월 23일
지은이 함인희 외
펴낸이 김훈순
펴낸곳 이화여자대학교출판부
주소 서울특별시 서대문구 이화여대길 52(우 120-750)
등록 1954년 7월 6일 제9-61호
전화 02) 3277-2965(편집), 02) 362-6076(마케팅)
팩스 02) 312-4312
전자우편 press@ewha.ac.kr
홈페이지 www.ewhapress.com
디자인 정혜진
찍은곳 한영문화사

ISBN 979-11-85909-15-8 94300
ISBN 978-89-7300-694-6(세트)

값 16,000원

이 도서의 국립중앙도서관 출판예정도서목록(CIP)은 서지정보유통지원시스템 홈페이지(http://seoji.nl.go.kr)와 국가자료공동목록시스템(http://www.nl.go.kr/kolisnet)에서 이용하실 수 있습니다.(CIP제어번호: CIP2014035964)

발간사

한국학에 대한 국내외의 관심이 높아지고 있는 이 시점에서 본교 한국학 연구의 새로운 출발을 알리는 '이화 한국학총서'를 세상에 내놓게 되었다. 한국학 연구는 본교의 설립 이념을 구현하고 한국 사회에서 대학의 역할을 수행하기 위한 필수적 과제로 인식되어 왔다. 세계화의 물결에 합리적으로 대응하기 위해서는 무엇보다 먼저 자국 문화에 대한 이해가 선행되어야 한다고 믿는다. 이를 위해서 본교는 창립 이래 한국학 연구에 지대한 관심을 가지고 이를 지원하고 육성해 왔다. 외국 문화의 도입에 열중하던 1950년대에 한국학 연구를 전담할 기관으로 설립된 '한국문화연구원'은 한국의 인문 · 사회 · 자연 · 예능 전반에 걸쳐 학술적 연구를 진행하고 그 성과를 국내외에 발표하면서 한국학 발전에 기여해 왔다.

한국의 전통 문화에 대한 관심에서 출발한 한국학은 그동안 그 대상 영역을 확장하면서 고대로부터 현대에 이르기까지 한국에 관한 다양한 분야를 탐색하는 종합적 연구로 발전하게 되었다. 이러한 과제를 효율적으로 수행하기 위해서는 한국학에 대한 새로운 인식과 효율적 연구 방법이 요구되었다. 본교는 지난 2003년에 '한국학특성화기반조성사업단'을 발족해 본교 한국학 연구의 성과를 점검하고 합리적 연구 방안을 모색하는 작업을 진행해 왔다. 본 사업단에서는 연구의 기반을 다지는 기초 작업과 함께 현대 사회에 맞는 연구 주제를 설정해 연구 활동을 벌여 왔으며, 이번에 발간되는 '이화 한국학총서'는 그 성과 가운데 일부이다.

연구의 주제를 '한국의 일상 문화'로 정한 것은 과거 지향적이고 관념적인 기존 한국학 연구의 관습에서 벗어나 현실에 뿌리를 두고 미래를 내다보는 '살아 있는 학문'으로서 한국학을 모색하기 위한 것이었다. '일상성'은 거대 담론에 밀려 소외되었던 연구 영역이었으나 1990년을 전후로 '사소하지만 중요한 것들'에 대한 관심이 증대되면서 한국의 문화적 특성을 가장 극명하게 보여 줄 수 있는 영역이기도 하다. 이러한 '일상'의 탐구는 편의상 전통 문화, 근대 문화, 비교 문화 등으로 구분해 통합적 공동 연구로 진행되었다.

이 작업에는 본교 한국학 관련 연구자들이 각자의 전공 영역을 넘어 학제적으로 참여했다. 여기에 내놓는 성과들은 한국학 연구의 새로운 방향을 모색하는 과정에서 이루어진 것이기 때문에 시론적 성격이 강하고 보완되어야 할 점도 없지 않다. 그러나 이 작업을 통해서 본교 한국학 연구의 역량과 가능성을 점검하고, 한국학 연구가 나아가야 할 바람직한 방향을 가늠해 볼 수 있었던 것은 큰 성과라 할 수 있다. 앞으로 이어질 후속 작업을 통해서 연구의 주제를 좀 더 구체화하고 논의를 심화해 바람직한 성과를 창출해 나갈 수 있기를 기대한다. 어려운 여건 속에서도 연구에 참여해 주신 연구자 여러분의 노고에 감사드리며, 이 총서가 한국학의 발전에 든든한 디딤돌이 되기를 바란다.

2006년 6월

이화여자대학교

한국학특성화기반조성사업단 단장

정 하 영

총론

『네이버 지식백과』에는 커뮤니케이션에 대한 정의를 다음과 같이 소개하고 있다. "커뮤니케이션은 삶의 중요한 한 부분이며 일상 생활을 유지하는 수단이다. 사회 생활에서 매우 중요한 인간관계 역시 커뮤니케이션을 통해 이루어진다. 커뮤니케이션의 본질을 보다 쉽게 이해하기 위해서는 먼저 단어의 어원을 살펴볼 필요가 있다. 커뮤니케이션(communication)은 '공통되는(common)', 혹은 '공유한다(share)'라는 뜻의 라틴어 'communis'(파생 단어 가운데에는 '공동체'를 의미하는 community가 있다)에서 유래한다. 커뮤니케이션은 결코 혼자 하는 것이 아니며, 누군가와 나누는 것임을 알 수 있다. 실제로 커뮤니케이션 없는 공동체, 또는 공동체 없는 커뮤니케이션은 상상하기 어렵다. 커뮤니케이션은 인간으로 하여금 사회적 존재로서 살아가게 만드는 도구가 된다."

이토록 중요한 의미를 갖고 있는 커뮤니케이션은 최근 한국 사회 곳곳에서 온라인과 오프라인을 넘나들며 다양한 주체들에 의해 폭발적으로 증가하고 있다. 커뮤니케이션은 짧은 시간에 습득 가능한 기술이 아닌 만큼, 우리의 일상 속에 체화되고 문화 예술을 통해 승화되어야 함이 분명함에도 불구하고, 정작 커뮤니케이션이 우리의 일상 속에서 어떤 모습을 드러내고 있는지, 더불어 우리의 문화와 예술 속에서 어떻게 표출되고 있는지를 다룬 연구는 의외로 희소하다.

이에 인간 활동의 필수불가결한 요소라 할 커뮤니케이션의 일상성과 한국의 문화 예술 속에 뿌리내리고 있는 커뮤니케이션의 맥락성(contextuality)에 남다른 관심을 갖고 있는 연구자들이 한자리에 모여, 자신의 학문적 렌즈에 투영된 커뮤니케이션의 다면적 현상을 다양한 시선으로 포착한 결과물을 한 권의 책으로 펴냈다.

이 책의 제1부 '일상 · 미디어 · 행동과 커뮤니케이션'에서는 일상 생활의 친밀성을 구성하는 부부 관계에 초점을 맞춘 사회학적 연구, 미디어를 매개로 위험 보도가 이루어질 때 구축되는 위기 프레임 분석에 초점을 맞춘 언론학적 연구, 건강과 관련된 행동의 변화를 위해 동원되는 커뮤니케이션 전략에 초점을 맞춘 보건학적 연구 등이 소개되고 있다.

각 장의 내용을 간략히 소개해 보면, 「한국 가족 내 부부간 성관계에 투영된 젠더 격차」(함인희)는 현대 사회 가족이 '친밀성의 구조 변동'을 경험하고 있다는 사실에서 출발해, 부부간 친밀성을 구성하는 핵심적 요소의 하나로서 '성'이 차지하는 위상이 점차 확대되고 있음은 물론, 부부 관계 자체의 특성에도 의미 있는 변화를 야기하는 동인이 되고 있음에 주목한다. 이에 그동안 이면 영역에 머물러온 부부간 성관계의 실상을 좀 더 객관적으로 조망하고자 한국 부부의 성관계 실태 및 부부간 성관계를 둘러싼 일련의 규범적 태도 및 가치관을 분석하고 있다. 이 과정에서 젠더를 주요 축으로 부부간 성을 둘러싼 커뮤니케이션의 이질성(혹은 동질성)의 정도를 측정해 봄으로써 '그녀의 결혼'과 '그의 결혼'이 존재함을 검증하는 동시에, 연령으로 대표되는 세대별 차이를 통해 성을 둘러싼 커뮤니케이션 유형의 변화에도 주목하고 있다.

「위험 보도의 위기 구축 기제 프레임 분석: 식품 안전 보도를 중심으로」(박성희)에서는 언론이 구축한 위기가 소비자들에게 전달될 때 미디어를 매개로 한 커뮤니케이션의 효과로 인해 위기가 더욱 폭증될 수 있다는 문제 의식에서 출발하고 있다. 실제로 문제가 된 식품의 불매운동, 대체 안전식품의 품귀 현상, 소비자의 집단 패닉 현상 등은 관련 업계의 위축 내지 파산 등으로 이어지고, 나아가 식생활 행태의 변화를 야기하는 등 연쇄적 파장을 불러일으킨다. 그뿐만 아니라 일상의 건강함을 배반하는 소식들은 당국의 허술함, 정부 정책에 대한 불신, 선의에 대한 배반, 유통 구조의 안전망에 대한 회의 등 사회 전반에 대한 회의와 불신을 키우는 데도 일조한다. 따라서 식품 안전 보도의 경우 소비자 반응까지 고려한 정확하고도 사려 깊은 커뮤니케이션이 요망됨은 물론이다. 더불어 소비자가 인지하는 위험의 정도는 그 근원에 자리한 언론 보도에 대한 이해 정도와 불가분의 관계에 있다고 할 때, 미디어의 현실 구축 기제를 이해하는 것은 사회교육 측면에서도 그 의미가 크다고 할 것이다.

이 글은 이상의 문제 의식을 바탕으로 1989년 우지라면 파동을 다룬 기사에서부터 2005년 기생충 알이 검출된 김치 사건 보도에 이르기까지 11개 식품 안전 관련 보도를 분석함으로써, 독자들의 인식을 형성하고 동시에 소비자들의 특정 행동을 유발하는 요인으로 작용한 언론의 보도 행태를 위기 구축 프레임의 시각에서 규명하고 있다.

「건강 행동 변화를 위한 보건 커뮤니케이션 전략 개발: 금연을 위한 생태학적 접근 전략의 적용」(김혜경)에서는 우리 국민의 질병 예방과 건강 증진을 위해 최우선적으로 해결해야 할 건강 위험 행동으로 흡연에 주목해, 금연의 시작과 유지를 위해서는 생태학적 모형에 근거한 다차원적 커뮤니케이션이 수반되어야 함을 경험적으로 입증하고 있다.

실제로 개인과 사회적 관계를 맺고 있는 가족, 친구, 이웃 등과 지역사회 및 조직의 변화와 정책의 변화 등은 금연 또는 흡연 행동에 직·간접적 영향을 미치는 것으로 다양한 연구를 통해 검증되어 왔다. 그럼에도 기존의 금연 프로그램들 대부분은 개인적·생물학적·심리적 특성(니코틴 또는 알코올 중독, 자기 통제 능력, 의지 등)의 변화만을 집중적으로 시도함으로써, 금연에 영향을 미치는 주요한 요인들을 간과한 결과 장기적 관점에서는 소기의 성과를 거두는 데 일정한 한계를 노출해 왔다.

이에 흡연의 시작과 유지에 관여하는 다차원적 결정 요인들을 분석하는 과정에 생태학적 모형을 적용함으로써, 이들 요인을 변화시키는 보건 커뮤니케이션 방법 및 전략을 개발하는 것이 이 글의 최종 목적이다. 나아가 금연 이외의 주요 건강 행동 영역까지 생태학적 모형을 확대 적용함으로써 전반적인 건강 증진을 목적으로 하는 효율적 커뮤니케이션 전략 개발에 기여할 것으로 기대된다.

제2부 '소설·회화·춤과 커뮤니케이션'에서는 소설 속 여성의 언어를 대상으로 커뮤니케이션에 투영된 젠더적 시각의 다중성을 분석한 연구, 한국 현대 미술가들이 남긴 모성 도상에 주목해 모성 이미지가 구현되는 방식을 통해 회화가 표현해 내고 있는 커뮤니케이션적 요소를 포착한 연구, 그리고 춤으로 표현되는 몸 움직임을 통해 한국적 커뮤니케이션의 원형적 요소를 탐색한 연구 등이 실려 있다.

「안티고네와 여성 언어의 수행성: 오정희의 「저녁의 게임」을 중심으로」(김미현)에서는 안티고네의 언어에 담긴 여성적 특성에 주목하면서 출발한다. 곧 안티고네의 언어는 긍정문 속에서 부정문을 발화하며, 할 수 있는 일을 하지 않은 것이 아니라, 하지 않는 것을 하겠다고 말하는 부정의 긍정 곧 이중 부정을 보여 준다. 더불어 크레온의 명령에 따르기를 거부하면서도, 거부하던 바로 그 통치권의 말투를 사용함으로써 권위에 대한 저항과 수용을 동시에 보여 준다.

이런 안티고네의 여성 언어적 특성에 주목하면서 오정희 소설 속 여성 언어의 특수성과 보편성을 규명하고 있다. 기존 연구에서는 주로 오정희 소설에 대해 그로테스크 · 트라우마 · 일탈 · 광기 · 죽음 등의 이상(異常) 심리와 신경증적 욕망 등의 내용적 측면에 주목하거나, 아이러니 · 모호성 · 불확실성 · 이중성 등의 문체적 측면에 주목하면서, 억압당하는 여성들을 통해 가부장적 이데올로기에 의한 상처 혹은 그에 대한 저항을 보여 준다는 것으로 해석되었다.

반면 이 글에서는 제3회 이상문학상 수상작 「저녁의 게임」(1979)을 중심으로 오정희 소설의 언어가 지니는 안티고네적 특성을 규명해 봄으로써 기존 연구의 한계를 극복하고자 한다. 곧 남성성과 여성성을 이분법적 대립 관계에서만 파악하거나, 여성문학적 의의를 무조건 환원론적 입장에서 인정하는 기존 논의만으로는 오정희 소설이 지닌 중층성과 복합성, 모순과 갈등, 모호성과 불확실성을 있는 그대로 주목할 수 없기 때문이다.

좀 더 구체적으로 오정희 소설의 특성으로 알려진 난해함의 여성적 근원이나 그 심리적 메커니즘을 심층적으로 규명하려면, 오정희 소설의 특성을 표면/이면, 긍정/부정, 일상/내면 등의 대립항들이 '정태적'으로 공존하는 '양상'으로 한정하기보다, 정반대되는 의미들(휴화산 · 빛 · 개 / 내부 · 어둠 · 늑대)이 공존하면서 적극적 길항 작용을 통해 서로에게 침투하고 서로를 오염시키는 '동태적' '행위'를 통해 입체적 시각에서 삶을 분해하고자 함에 방점을 찍어야 한다는 것이 필자의 입장이다.

나아가 여성 언어가 별도로 존재하지는 않는다는 것, 여성 언어조차도 분열과 변화를 일으킨다는 것, 여성 언어 자체가 남성 언어와 이분법적 대립만을 보여 주는 것이 아니라 상호 교차되면서 서로에게 오염된 언어를 생산한다는 것 등을 오정희 소설 속 여성 언어를 통해 규명함으로써 여성 언어가 지닌 불안정성과 모호성, 미결정성과 불확실성에 대해 새로운 의미 부여가 가능해질 것을 기대하고 있다.

「한국 현대 미술에 나타난 모성 도상의 의미」(오진경)에서는 한국 현대 미술 작품 속에 재현된 어머니상을 중심으로 시대에 따라 다양하게 해석되는 모성 도상의 의미에 주목하고 있다. 곧 서로 긴밀히 연결되어 있는바 경험으로서의 모성과 제도로서의 모성 두 측면에서, 출산 및 양육과 관련된 위대한 어머니(Great Mother) 이미지와, 모성 도상에 투영된 정치적 · 사회적 · 문화적 의미를 모성 제도와 관련해 고찰해 보고 있다.

한국 미술에 재현된 마고할미, 삼신할머니, 삼불제석, 그리고 기독교의 성모자상 등은 다산과 풍요를 기원하는 의미로 등장한 신성한 어머니상이 계승된 도상이다. 여성의 생물학적 능력을 강조해 오던 모성의 의미는 근대에 들어서면서 제도적 의미가 더욱 강화되는데, 일본 식민지 시기 작품 속에 재현된 현모양처상이나 한국전쟁을 전후한 시기 자주 등장하는 일하는 어머니상이 그 좋은 예라 하겠다.

대지(大地)의 의미와 연계된 모성이 정치적 맥락에 도입된 대표적 사례로는 1980년대 부상한 소위 민중미술 계열을 들 수 있다. 남성 미술가 중심의 민중미술 속에서 모성은 민족의 근원적 힘 또는 민중의 저항 정신을 표상하는 대지의 어머니로 그려졌다. 반면 사회 변화의 기류에 편승하면서 등장한 여성 미술은 자식을 키우고 가사를 돌보면서 동시에 사회적 노동까지 해야 했던 어머니들의 삶을 구체적이고 직설적인 화법으로 이야기했다. 이들은 가부장제 사회 속의 전형적 어머니상에 국한되어 모성을 해석했다는 점에서 한계를 지적받기도 했으나, 전통적 어머니 역할과 노동자 역할 사이에서 갈등할 수밖에 없는 현실에 주목하면서, 좀 더 제도적인 맥락에서 모성 이야기를 시작했다는 점에서 중요한 미술사적 의미를 갖는다.

한편 1990년대 여성 미술가들은 모성을 비롯한 여성의 정체성은 불변하는 자연적 속성이 아니라 사회적 코드를 따르는 문화적 산물이라는 사실에 초점을 맞추면서, 더욱 다양한 방식으로 한국 사회를 지배하고 있는 성별 이데올로기와 성차의 생산 구조에 관해 이야기한다. 일례로 임신한 여성의 몸을 강조한다거나, 낙태와 같이 어머니 몸에 가해지는 폭력을 재현함으로써 관람객을 향해 일종의 낯설게 하기를 시도하는 그들의 작업은, 남성 중심적인 사회가 모성에 대해 지녔던 낭만적 기대와 환상을 여지없이 전복시켜 버린다.

결국 향토성, 민족 정신, 국가가 요구하는 가치관, 민중의 힘, 여성의 현실, 그리고 사회 속의 성 이데올로기를 표현하기 위해 도입된 작품 속의 모성 도상은, 생물학적 기능에 관련된 어머니의 속성을 넘어 정치적이고 사회적인 맥락에서의 의미를 입체적으로 진하는 하나의 문화적 기호임을 필자는 설득력 있게 예증하고 있다.

「춤을 통해 본 한국적 움직임 커뮤니케이션의 특성」(김말복)에서는 언어를 사용하지 않는 예술 형태로서 가장 상징화된 커뮤니케이션 양식으로 한국 춤을 선택, 그곳에서 발견되는 움직임 커뮤니케이션을 분석한다. 한국적 커뮤니케이션의 원형에 접근하고자 하는 필자는 전통 한국 문화를 지배해 온 사상과 문화적 특성, 그리고 커뮤니케이션 사상으로부터 출발하고 있다. 곧 우리의 전통 춤이 시연된 구조와 상황, 그리고 공간을 커뮤니케이션의 시선으로 고찰함으로써 전통 사회에 뿌리내려온 움직임 커뮤니케이션의 특성 및 존재 방식을 고찰하고 있다.

한국 춤의 표현 방식 및 커뮤니케이션의 특성은 서양 춤의 존재 방식과 비교할 때 좀 더 뚜렷하게 그 모습을 드러낸다. 이는 예술 및 생활이 인위적으로 분리되어 있는 서양 춤과 일상 및 예술이 명확히 분리되어 있지 않은 한국 춤을 비교함으로써 가능해진다는 것이 필자의 생각이다.

나아가 1960년대 태동되어 이후 한국 사회에서 널리 유행한 바 있는 신무용 계열의 춤을 중심으로 우리의 전통적인 몸 이미지와 춤 움직임, 그리고 관객과 공연자 간의 커뮤니케이션 구조가 어떻게 변화해 왔는지 추적함으로써 동작 기호를 통해 표현되는 한국 문화의 근대적 의미와 특성을 논의하고 있다. 이는 춤 움직임 커뮤니케이션이 일상에서의 몸에 대한 자세와 신체 언어 방식에도 큰 영향을 미쳤으리라는 전제 하에, 신무용 계열에 나타나는 움직임 커뮤니케이션의 경향을 일상에서의 움직임 커뮤니케이션에 적용하고자 하는 시도이다.

현재의 연구는 다양한 학문적 시각에서 커뮤니케이션이라는 주제가 표출되는 방식의 다채로움에 눈을 뜨는 것으로 일단 만족해야 할 것 같다. 앞으로 소설과 회화, 그리고 춤 속에 투영된 다양한 유형의 커뮤니케이션이 상호 어떠한 영향을 주고받으며 변화해 왔는지를 주제로 예술사 및 사회사적 관점에서 재구성해 보는 작업도 흥미로울 것으로 생각된다. 미디어를 통한 커뮤니케이션이 실제 일상의 관계 및 행동 양식에 구체적으로 어떤 영향을 미치는지에 대한 실증적 연구도 우리의 작업을 기다리는 주제요, 상호 관계의 친밀도와 커뮤니케이션 유형 사이에 어떠한 관계가 존재하는지를 주제로 한 해석적 연구 또한 의미 있는 탐색이 될 것이다.

2014년 12월

연구진을 대표하여 함인희 씀

차 례

발간사 ………………………………………………………………… 5
총론 ……………………………………………………………………… 9

제1부 일상 · 미디어 · 행동과 커뮤니케이션

한국 가족 내 부부간 성관계에 투영된 젠더 격차 _ 함인희 …… 23
Ⅰ. 머리말 ……………………………………………………………… 23
Ⅱ. 부부간 성관계 논의를 위한 이론적 자원 ……………………… 27
Ⅲ. 한국 가족 내 부부간 성관계에 투영된 젠더 격차 …………… 34
Ⅳ. 맺음말 ……………………………………………………………… 54

위험 보도의 위기 구축 기제 프레임 분석
– 식품 안전 보도를 중심으로 _ 박성희 ……………………………… 61
Ⅰ. 머리말 ……………………………………………………………… 61
Ⅱ. 이론적 논의 ………………………………………………………… 64

Ⅲ. 연구 문제와 가설 ········ 73
Ⅳ. 연구 대상의 선정 및 연구 방법 ········ 75
Ⅴ. 연구 결과 ········ 78
Ⅵ. 맺음말 ········ 87

건강 행동 변화를 위한 보건 커뮤니케이션 전략 개발
– 금연을 위한 생태학적 접근 전략의 적용 _ 김혜경 ········ 95
Ⅰ. 머리말 ········ 95
Ⅱ. 흡연 행동에 영향을 미치는 다차원적인 요인 ········ 97
Ⅲ. 금연 중재를 위한 생태학적 접근 ········ 102
Ⅳ. 맺음말 ········ 115

제2부 소설 · 회화 · 춤과 커뮤니케이션

안티고네와 여성 언어의 수행성
– 오정희의 「저녁의 게임」을 중심으로 _ 김미현 ········ 121
Ⅰ. 머리말: 안티고네적 여성 언어 ········ 121
Ⅱ. 가부장적 '호명(呼名)'의 패러디 ········ 125
Ⅲ. 모성적 '노래'의 복화술(腹話術) ········ 130
Ⅳ. 여성적 '웃음'의 도착화(倒錯化) ········ 134
Ⅴ. 맺음말: 우울증적 여성 언어의 수행성(遂行性) ········ 138

한국 현대 미술에 나타난 모성 도상의 의미 _ 오진경 ········ 143
Ⅰ. 머리말 ········ 143
Ⅱ. 위대한 모성 ········ 145
Ⅲ. 정치 사회적 맥락으로서의 모성 ········ 159
Ⅳ. 맺음말 ········ 170

춤을 통해 본 한국적 움직임 커뮤니케이션의 특성 _ 김말복 …175

Ⅰ. 머리말 …… 175

Ⅱ. 전통 한국 사회의 움직임 커뮤니케이션 …… 177

Ⅲ. 한국 춤의 소통 구조와 커뮤니케이션 …… 185

Ⅳ. 1960년대 한국 신무용에 나타난 몸짓 소통의 근대적 변모 …… 198

Ⅴ. 맺음말 …… 207

찾아보기 …… 210

제1부

일상 · 미디어 · 행동과 커뮤니케이션

한국 가족 내 부부간 성관계에 투영된 젠더 격차*

함인희

Ⅰ. 머리말

부부 관계를 주제로 한 연구 중 특별히 부부간 성관계에 초점을 맞춘 경우는 의외로 희소하다.[1] 그 이유로는 사회 제도로서 가족의 존재 양식에 내포된 일련의 특성과 밀접한 관계가 있으리란 추론이 가능하다.

서구의 가족사회학자들 주장에 따르면 다수의 문화권에서 가족 관계 및 과정은 이상화(idealized)되거나 위장화(camouflaged)되는 경향이 강하게 나타남으로써, 자신의 가족 공간 속에서 개인이 실행하는 행동 양식과, 자신이 속한 가족 체계에 대해 스스로 설명하는 방식 사이에는 항상 일정한 간극이 존재한다는 것이다(Skolnick ed., 1997: Collins, 2001). 그

* 이 논문은 『여성학논집』 제29권(2012년)에 게재되었음.

1 특별히 가족사회학 영역 내에서 부부 관계를 주제로 한 연구는 1990년대 중후반까지 지엽적 연구 수준에 머물러 있었다(이동원 외, 1996). 1945~1995년 간 가족사회학 영역에서 사랑과 결혼을 주제로 한 단행본은 모두 17편 출간되었고, 성과 사랑을 직접적 주제로 한 학술 논문은 4편에 불과한 것으로 나타났다(이영자, 1991; 조혜정, 1991; 조주현, 1993; 김현주, 1994). 이러한 경향은 1990년대 중후반까지도 주목할 만한 변화를 보이지 않고 이어졌다(서수경 · 이정덕, 1991; 이정순 · 박성연, 1991; 김수연 · 김덕성 외, 1993; 김순옥 · 류경희 외, 1996).

결과 가족은 '솔직한 제도'로서 자신을 있는 그대로 드러내기보다는 다양한 신화와 비밀에 둘러싸인 채, 가족에 관해 무엇을 이야기할 수 있는가보다는 가족을 주제로 무엇을 이야기해서는 안 되는가 금기의 규범을 좀 더 정교하게 발전시켜 왔다는 평가를 받고 있다(Rubin, 1994; Coontz, 2005).

이에 따라 가족 연구자들은 가족 연구의 3대 어려움으로 '가족 제도의 신비화', '가족 생활의 친숙함', 그리고 '사생활 영역으로서의 비밀스러움'을 들고 있다(Skolnick ed., 1997). 실제로 가족의 친근성 및 일상성은 가족을 필연적이고도 자연스러운 것으로 인식하도록 하는 동시에, 가족의 객관적 탐구를 어렵게 함으로써 연구자의 개별적 경험이 편견으로 작용할 가능성을 높인다. 그 덕분에 우리는 가족 규범으로부터 이탈된 것에 대해서는 관심을 가지나 가족 규범 자체를 문제삼지는 않는 것이 사실이다(Skolnick ed., 1971).

그뿐만 아니라 가족은 '다중의 불가해한(pluralistic ignorance) 영역'으로 지칭되고 있기도 하다. 우리는 우리가 경험하고 있는 가족이 이상적 가족 규범을 충족시켜 주지 못한다는 사실을 익히 알고 있지만, 동시에 우리 가족이 통계적 다수를 구성하는 규범에 어느 정도 부합하는지 여부 또한 알지 못한다는 것이다. 그런가 하면 가족은 비밀스러운 사적 영역으로서 타인이나 외부의 시선으로부터 직접적 관찰이 불가능한 '이면 영역(back stage)'(Goffman, 1969)을 구성하고 있는 반면, 타인의 행동은 대부분 '표면 영역(front stage)'에 근거해 해석되고 판단된다는 점에서 가족의 역설이 강화된다는 것이다.

이로 인해 설문조사 및 인터뷰 등의 실증적 방법에 의존했던 서구의 가족 연구자들은 이면(裏面) 영역에 속하는 주제를 연구 대상으로부터 제외시킴으로써 가족 연구의 딜레마를 교묘히 회피해 온 것이 사실이다. 그러나 최근 들어 가족의 이면을 완벽하게 포착하기는 어려워도 참여관찰, 심층면접, 일상생활 방법론 등을 도입해 지금까지 숨겨져 온 가족의 이면 영역을 드러냄에 새로운 통찰력을 가미해 가고 있다(Collins, 2001).

서구의 연구 현황이 이러할진대 한국의 상황은 가족의 솔직함을 드러내는 데는 좀 더 미진한 실정이다. 실제로 성 관련 연구는 기존의 가족 제도적 맥락과는 일정한 거리를 둔 채 혼전 관계, 미혼모, 동성애 연구(서동진, 1996) 등을 중심으로 진행되어 왔고, 부부간 성관계 또한 가족을 정의하는 데 핵심적 요소를 구성함에도 이를 가족 제도 및 부부 관계의 맥락에서 본격적으로 연구한 성과물이 희소하다는 사실은, 우리의 가족 연구의 특성이자 한계를 상징적으로 보여 준다 하겠다(서선영 · 최혜경, 2004; 천혜정, 2006; 김영기 외, 2011).

오늘날 부부간 성관계에 주목하게 되는 이유 가운데 하나는, 앤서니 기든스(Anthony Giddens)에 의해 주창되고 있는 바, 현대 사회 가족이 '친밀성의 구조 변동'을 경험하고 있다는 사실과 밀접히 연계되어 있다(Giddens, 1996). 여기서 친밀성이라 함은 '자아(self)의 확대'와 맞물리면서 새롭게 발현되고 있는 가치로서, 특별히 부부 관계를 다른 인간 관계와 구분짓는 특성으로 부각되고 있다. 이에 따라 부부간의 친밀성을 구성하는 핵심적 요소의 하나로서 '성(性)'이 차지하는 위상이 점차 확대되고 있음은 물론, 부부 관계 자체의 특성에도 의미 있는 변화를 야기하는 동인이 되고 있다.

이제 한국 가족도 이면 영역에 머물러 온 부부간 성관계의 실상을 좀 더 객관적으로 조망할 필요가 있다는 문제 의식에서 출발하고 있는 이 연구는, 한국 부부의 성관계 실태와 더불어 부부간 성관계를 둘러싼 일련의 규범적 태도를 분석해 보고자 한다. 부부간 성관계를 분석하는 데에는 사회학적 분석의 주요 변수인 젠더를 축으로 하여 부부간의 이질성(혹은 동질성)의 정도를 측정해 보고, 연령으로 대표되는 세대별 차이를 검증해 보고자 한다. 성관계를 둘러싼 부부간 젠더 격차(gender gap)에 주목하는 이유는 '그녀의 결혼'과 '그의 결혼'이 존재한다는 제시 버나드(Jessie Bernard)의 고전적 주장에 기초해 젠더 격차의 정도를 파악하고자 함이다(Bernard, 1970).

부부간 성관계를 주제로 대규모 사회조사 자료가 희소한 상황에서 이 글은 여성가족부에서 한국 가족의 실태 조사를 위해 2008년 실시한 '한국 가족조사'를 기반으로, 부부간 성관계 현황 및 성관계 관련 의식의 실태는 어떠한지, 부부간 성관계를 둘러싸고 실제 행동과 규범적 태도 사이에 젠더 격차가 나타나고 있는지, 부부간 성관계의 젠더 격차는 세대(연령) 및 교육 정도에 따라 달리 나타나고 있는지, 혼외 관계와 이혼 사이에는 어떠한 관계가 있는지, 부부간의 성관계 만족도에 영향을 미치는 요인은 무엇인지, 더불어 부부간 성관계를 둘러싸고 젠더 차이가 확대 혹은 축소되고 있는지 등의 문제를 탐색해 볼 것이다.

'한국 가족조사'는 2008년 5월 1일~30일에 이루어졌고, 표본 수는 총 2,743명이며, 지역별 층화 표집 방법을 사용했다. 통계분석 방법으로는 부부간 성관계 실태 및 관련 의식 간의 상관 관계를 측정했고, 연령별 · 교육 정도별 집단 간 차이를 위한 ANOVA를 실시했으며, 부부간 성관계에 영향을 미치는 요인 파악을 위해서는 단계별 회귀분석을 시도했다.

다음 II절에서는 부부간 성관계 조망에 필요한 이론적 논의 및 선행 연구를 정리해 보고, III절에서는 한국 부부의 성관계에 투영된 젠더 격차를 주제로 다양한 분석을 시행해 본 연후에, IV절에서는 이 연구 결과 나타난 젠더 격차의 함의를 규명해 볼 것이다. 부부간 성관계 이슈는 문화적 맥락에 따라 특수성 및 전형성을 드러내고 있으므로, 한국 가족 내 부부간 성관계를 논함에는 문화적 특수성에 대한 이해가 요구된다 하겠다.

Ⅱ. 부부간 성관계 논의를 위한 이론적 자원

여기에서는 부부간 성관계를 주제로 한 기존 연구 중 실제 행위와 고정 관념 사이의 괴리에 주목한 연구에 초점을 맞추는 동시에, 최근 부부간 성관계 연구의 특성과 더불어 한국의 부부간 성관계 연구 현황을 개관해 보고자 한다.

부부간 성관계를 주제로 한 연구가 가족 제도의 맥락과는 일정한 거리를 둔 채 진행되고 있음은, 부부간 성관계에 대한 근거 없는 고정 관념 및 신화와 밀접한 관계가 있다(Thio, 1998). 특히 부부간 성관계와 관련해서는 신화(myth)의 힘이 현실을 압도함은 물론, 실재 또한 불가시성이 강하기에 그 간극의 수준을 가늠하기조차 어려운 것이 사실이다(Ryan & Jetha, 2010).

서구 가족사회학자들에 의해 규명된 바, 부부간 성을 둘러싼 신화와 실재 사이의 괴리를 보면(Hite, 1993; Thio, 1998; Collins, 2001), 무엇보다 결혼 제도는 성적 쾌락을 발견하기에는 그릇된 장소이기에, 성적으로 개방된 미혼 남녀가 가장 활발한 성관계를 할 것이라는 믿음이 유포되어 왔다. 그러나 실제로는 기혼 부부가 미혼 남녀보다 성관계의 빈도도 높고 성관계 만족도 또한 높게 나타나고 있어, 결혼 관계 속에서 성적 쾌락을 추구하는 것은 어리석은 기대란 통념을 반증(反證)하고 있다.

다음으로 미국인들 다수는 성에 관해 다양한 기호를 갖고 있기에 성관계를 맺는 파트너의 숫자도 많을 것이라는 신화가 존재해 왔다. 그러나 미국 사회야말로 부부 중심 가족에 터한 일부일처제를 성실히 유지하고자 하는 사회로, 매년 약 83%의 미국인은 성관계 파트너가 한 사람에 그치거나 전혀 없는 것으로 밝혀졌다.

한편 성관계와 관련해서는 과장과 상상이 현실과 일상을 압도해, 많은 기혼자가 결혼 생활 중 혼외 관계를 즐기리라는 예측이 신빙성을 가장한 채 널리 확산되어 왔다(Lawson, 1990). 그러나 실제로 미국에서는 기혼 남성의 25%, 기혼 여성의 15% 정도가 혼외 관계 경험이 있다고 답할 뿐, 나머지는 일부일처제 규범을 준수하고 있는 것으로 나타났다.

성관계 파트너가 없거나 오랜 동안 성관계를 하지 않은 경우 자위 행위 빈도가 높을 것이라는 고정 관념도 있으나, 실제로는 젊은 층이나 미혼 남녀보다는 기혼 남녀 및 노년층에서 자위 행위 비율이 높게 나타났고, 성관계가 활발한 남성은 '데이트 강간'을 하지 않을 것이라는 믿음이 널리 유포되어 왔으나, 실제로는 성적 에너지가 높을수록 데이트 강간 및 결혼 강간의 확률도 높은 것으로 나타났다(Skolnick ed., 1997).

어느 사회든 특정한 성행위는 성과 연령, 계급과 인종, 종교와 지역 등 사회학적 배경 변수에 따라 다양성을 보이게 마련이다. 실제로 자위 행위는 여성보다 남성에게서 빈번하게 나타나고 있고, 18~24세 미혼층보다는 24세 이상의 기혼층에서 자주 나타나고 있다(Thio, 1998). 계급별로는 빈곤층으로 갈수록 단조로운 성관계를 하는 경향이 있으며, 상류층으로 갈수록 끊임없이 새로운 성행위를 시도해 보는 것으로 나타났다. 섹슈얼리티와 관련해서는 소도시 및 농촌 지역에 비해 대도시 지역에서, 흑인보다는 백인층에서, 저학력보다는 고학력층에서 그리고 빈곤층보다는 경제적으로 풍요로운 층에서 동성애에 대한 허용도도 높고 실제 비율 또한 높은 것으로 나타났다(Collins, 2001; Ryan & Jetha, 2010).

한편 문화적 차이나 사회학적 배경 변수에 따라 관찰되는 성행위 양식의 다양성에도 불구하고 공통점이 나타나는 바, 성 불평등이 존재하는 곳일수록 성관계에서 남성 지배가 두드러진다는 사실이다. 곧 성관계 및 섹슈얼리티는 남성이 여성을 지배하는 대표적 양식의 하나로서 성 불평등을 반영하는 기제이자 강화하는 기제로 작동하고 있는 것이다(쏘온 외, 1990; 장필화, 1997).

부부간 성관계에 투영되고 있는 남성 지배 양식을 살펴보면, 성행위란 남성이 여성에게 '무엇인가 베푸는 것'인 만큼 남성은 성적으로 지배적이고 능동적이요, 여성은 복종적이고 수동적인 것이 자연스럽다는 믿음을 들 수 있다. 이에 따라 부부간 성관계에서 남성이 주도권을 행사하는 것은 용인되나, 여성이 능동적일 경우 '여성스럽지 못하다'거나 '음란하다(nympho-maniac)'는 비난을 받게 된다. 나아가 부인은 성생활을 통해 기쁨을 공유하는 상대(sex partner)로 인식되기보다는 남편의 성적 욕구를 충족시켜 주는 대상물(sex object)로 간주되는 경향이 자연스럽게 나타난다는 것이다(Rubin, 1976; 1994). 결국 남성이 성관계의 주도권을 삿는다는 의미는 성관계를 통해 남성다움의 용맹성을 상화함으로써, 정치 · 경제 · 사회 각 사회 제도 속에서 실현되고 있는 여성 지배의 지속을 정당화하게 된다는 것이다.

남녀 간 성관계 및 섹슈얼리티를 둘러싼 남성 중심적 규범과 가치에 대해 페미니스트들이 제안하는 대안으로서, 성관계야말로 남녀 간 평등을 구현하는 최종의 장임을 인식하고, 남성 지배 및 남성 주도 양식에 적극 저항하는 동시에 여성 스스로 성적 욕구를 충족시키기 위한 노력을 경주할 것을 강조하고 있다. 더불어 여성 중심적 성 경험으로서 호혜성(mutuality)과 상대를 향한 배려에 중심적 가치를 부여하는 방안 또한 적극 검토해 볼 것을 제안하고 있다(이영자, 1991; Hite, 1993).

전반적으로 부부간의 성행위 양식에서는 일반적 통념보다 보수적인 경향이 나타난 반면, 성과 관련된 태도 및 가치관에서는 이전의 부모 및 조부모 세대와 비교해 볼 때 좀 더 자유분방하고 개방적인 방향으로 변화해 가고 있음이 다수의 조사를 통해 확인되고 있다.

성 관련 가치 및 태도의 변화를 좀 더 구체적으로 살펴보면, 이전에는 금기시되던 형태의 성행위에 대해 사회적 허용도가 점차 확대되고 있어, 혼전 성관계에 대한 개방적 태도와 더불어 동성애의 합법화에 찬성하는 비율이 점차 증가하고 있음을 관찰할 수 있다.

더불어 남녀에게 차별적으로 적용되던 '이중 성윤리'를 자연스럽게 받아들이던 인식이 현저하게 약화되고 있다. 예로부터 남성은 여성에 비해 생물학적으로 제어하기 어려운 강력한 성적 욕구를 타고났다는 고정 관념이 공고히 유지되어 왔다. 이에 따라 남녀가 동일하게 다양한 성 파트너와 관계를 맺거나 성 규범을 어길 경우, 사회적 비난의 강도는 여성이 남성보다 더욱 강했기에 실제 행동에서도 뚜렷한 성차가 나타났던 것이 사실이다(Ryan & Jetha, 2010). 그러나 최근 들어서는 성적 욕망을 본능의 차원에서 접근하거나 성적 욕구 자체에서 성차가 존재하리라는 전제는 상당 부분 설득력을 잃어가고 있다. 그보다 인간은 성적 충동이나 성행위를 위한 생물학적 잠재력은 타고났지만 잠재력이 곧 행동으로 연결되는 '결정인(決定因)'은 아니라는데 다수가 동의한다. 따라서 언제, 어디서, 누구와, 어떻게 성충동(drive)을 성행위(action)로 연결시킬 것인지 아닌지 여부는 사회 문화적 맥락에 따라 매우 정교한 사회화 과정을 거쳐 구성된다고 본다(Hite, 1994; 윅스, 1997).

과거에는 남성에게만 허용되었던 성적 자유를 공유하는 여성들이 증가하면서, 여성의 혼전 성경험도 증가하고 있고, 좀 더 적극적으로 성관계를 즐기며 오르가즘을 추구하는 여성이 늘고 있음은 익히 알려진 사실이다. 그렇다고 이중 성윤리가 완전히 사라진 것은 아니어서, 다수의 파트너와 성관계를 가질 경우 여성에 대한 비난이 남성에 대한 야유보다 강도가 높은 것은 여전하다.

이중 성윤리의 약화와 더불어 새로운 성윤리가 낡은 성윤리를 대체해 가고 있음 또한 관찰되고 있다. 일례로 한 세대 전만 하더라도 성관계는 출산을 목적으로 했을 때만 정당화되던 것이 오늘날의 성관계는 오락(recreation)으로 인식되면서 쾌락을 증진시키는 다양한 성행위가 시도되고 있다. 좀 더 주목할 만한 변화로는 과거에는 성관계가 행해지던 '자리(location)'가 중요했다면 오늘날은 성관계를 맺는 파트너 사이의 관계의 질(quality)이 더 중요해졌다는 것이다(Collins, 2001). 이에 따라 부부간 성관계는 도덕적이고 혼외 관계는 부도덕하다는 인식 대신, 결혼 관계와는 무관하게 사랑하는 사이의 성행위는 도덕적이고, 착취하는 관계 사이의 성행위는 부도덕하다는 평가가 설득력을 얻어가고 있다. 혼전 관계가 비난의 대상으로부터 허용 대상이 되어간 반면, 결혼 강간(marital rape)은 허용 대상에서 비난의 대상이 되었음은 이의 대표적 예라 할 수 있다.

마지막으로 주목할 만한 변화로는 1990년대 들어서면서 미국을 중심으로 1960년대의 '성 해방'에 대한 반전으로 '반(反) 성 혁명'이 진행되고 있다는 점이다. 이의 지표로는 혼전 순결을 지키고자 하는 10대의 비율 증가를 들 수 있다. 물론 이는 미국의 특수한 사회 문화적 환경을 반영하는 것으로서, 에이즈(AIDS)에 대한 공포가 개개인의 성관계에 미친 영향과 더불어 보수주의가 부활하고 있는 사회 분위기와도 맞물려 있을 것이다(Piorkowski, 2001; Faludi, 1991).

로버트(Robert, 1994)의 연구진은 대규모 사회조사에 기초해 미국인의 성 관련 가치관을 다음 세 범주로 나누고 있다. 혼전 성관계를 허용치 않으며 성관계는 출산을 목적으로 해야 한다는 전통적 가치를 고수하고 있는 '전통주의자', 사랑을 수반하는 혼전 성관계를 적극 인정하는

'관계주의자', 그리고 성을 사랑과 분리시킨 채 그 자체로 독자적 존재 이유를 갖는 행위로 규정하는 '오락 혹은 쾌락주의자'가 그것이다. 미국 사회에서 각 범주를 구성하는 비율은 전통주의자가 1/3, 관계주의자가 1/2, 그리고 오락주의자가 1/5 정도를 차지하는 것으로 나타났다.

한편 부부간 성관계를 논의함에 빠질 수 없는 주제로는 혼외 관계(adultery)를 들 수 있다(Lawson, 1990; 김예숙, 1995; 공미혜 · 구명숙, 2001). 혼외 관계는 거의 모든 사회에서 금기로 규정하고 있고, 혼외 관계 당사자들은 사회적 낙인과 비난의 대상이 되고 있음은 물론이다. 미국에서는 혼외 관계가 이혼 사유로 작용하는 경우가 점차 증가 추세를 보여, 1994년 조사에서는 혼외 관계를 경험한 부부의 비율이 6%로 나타났고, 부인의 15%, 남편의 25%는 결혼 생활 중 혼외 관계 경험이 있음을 밝히고 있다.

혼외 관계의 대상은 1~2명이며, 상대 또한 기혼인 경우가 대다수이고 관계는 1년 여 지속된 것으로 나타났다. 일반적으로는 혼외 관계 속에서 극적인 흥분을 경험할 것이며 만족도가 높고 삶의 활력을 주리라 기대되었지만, 실제로는 비밀리에 관계를 유지해야 하는데서 오는 긴장감과 죄책감으로 인해 성관계 경험의 만족도는 상대적으로 높지 않은 것으로 밝혀졌다. 실제로 2/3의 기혼 남성이 부인과의 성관계가 '매우 즐겁다'고 답한 반면 혼외 관계에서는 1/2만이 동일한 답을 하고 있다. 나아가 성관계를 활발히 하는 부부가 혼외 관계에 빠지기보다는, 성관계의 활기가 적은 경우 혼외 관계의 유혹이 더욱 강한 것으로 나타났다(Lawson, 1990).

가족사회학 영역에서 부부간 성관계 및 사랑을 주제로 한 연구[2]가 주

---

2 부부 관계 중 어떠한 측면에 초점을 맞추어 연구할 것이냐 하는 문제 의식은 시기별로 변화되어, 1970년대는 제도 중심의 이론틀 안에서 부부간의 역할분업 구조에 관한 연구가 주축이 되어온 반

변적 지위에 머물러 왔음은 주목을 요한다. 그 이유로는 한국의 가족이 서구식 부부 중심 가족과는 달리 부부간 역할 중심의 제도 가족적 성격이 강하기 때문이요, 성관계는 가족사회학 영역에서 금기시되어 온 주제라는 고정 관념이 영향을 미친 것으로 보인다.

대신 부부간 성관계 연구는 정신분석학, 심리학 및 가족학 분야에서 1990년대 이후 다양한 연구가 진행되고 있다. 이는 서구의 부부 중심적 가족가치관의 영향을 부분적으로 전수받은 상태에서 가족을 조망하는 렌즈가 전통적 관례 내지 제도로부터 '친밀한 관계'로 변화되어 가는 동시에 이전에는 금기시되어 오던 영역, 곧 성을 주제로 한 연구가 새로운 영역으로 등장하고 있음을 반영한다 하겠다(문숙재 외, 2001).

이들 영역에서 부부간 성관계는 독립 변수로서 부부 관계의 적응을 높이고, 결혼 생활 만족도를 높이며, 부부 관계의 안정성에 긍정적 영향을 미치는 것으로 확인되고 있다(연규월 외, 1988; 이근후, 1999). 나아가 최근 들어서는 부부간 성관계를 종속 변수로 하여 부부 관계의 다양한 측면과의 관련성을 찾아보는 연구가 주목받고 있다.

서선영 외(2004)의 연구에서는 부부간 성관계를 '남편 의무형', '남편 요구형', '남편 무덤덤형'으로 유형화하고, 이를 다시 남편 의무형-부인 의무형 외 아홉 가지로 유형화한 다음 각 유형에 따라 부부간 성생활의 즐거움, 성생활의 부담, 성생활의 욕구 불만, 그리고 동반자적 사랑이 어떻게 나타나는지 검증하고 있다.

또한 김영기 외(2011)의 연구에서는 부부간 의사 소통 유형에 따라 부부간 성관계 만족도 또한 달리 나타나고 있음을 보여 주고 있다. 실제

면, 1980년대 후반 이후는 부부간의 권력 관계, 적응 및 커뮤니케이션, 부부간의 만족도, 부부 관계의 질, 안정성, 그리고 부부간의 갈등 등에 대한 관심으로 연구의 초점이 이동해 가는 경향을 보이고 있다(한남제 외, 1994; 이동원 · 함인희, 1996).

로 언어적 표현을 빈번히 사용하는 개방형 의사 소통 부부일수록, 더불어 높은 수준의 감정을 표출하는 고정서형 의사 소통 부부일수록 부부간 성관계 만족도가 높은 것으로 나타났고, 부인이 개방적이고 정서 수준이 높은 의사 소통에 익숙할수록 부인의 성생활 만족도가 높은 것으로 검증되었다.

다만 대부분의 연구자는 부부간 성관계를 주제로 한 연구가 대체로 일반적 수준에 머물러 있고, 응답자들 다수가 아직은 자신들의 성관계를 자연스럽게 솔직히 이야기하는 것을 부담스러워하기에 만족할 만한 결과를 이끌어 내는 데는 한계가 있음을 토로하고 있다(연규월 외, 1988; 고정애, 2004). 향후 부부간 성관계 연구는 다양한 주제를 발굴해 연구의 지평을 넓히는 동시에, 부부간 성관계에 내포된 한국 가족의 특수성을 드러내기 위해 연구 방법의 정교화 및 연구 자료의 발굴이 요망된다.

Ⅲ. 한국 가족 내 부부간 성관계에 투영된 젠더 격차

1. 부부간 성관계 실태와 관련 변수 간 상관 관계

부부간 성관계 만족도를 비교해 보면, 근소한 차이이긴 하지만 남편의 만족도가 부인의 만족도보다 높게 나타나고 있다. 곧 부인의 경우는 '보통이다'가 38.6%, '약간 만족한다'가 36.5%인 반면, 남편의 경우는 '약간 만족한다'가 38.7%, '보통이다'가 36.1%이다. 이는 '불만족스럽다'는 비율에서도 확인되어 부인이 12.3%, 남편이 10.6%로 나타나고 있다.

더불어 부인의 성관계 만족도의 평균값 3.47[3]과 남편의 평균값 3.55의 차이는 통계적으로도 유의미한 것(t=-4.700, df=2701, p〈.000)으로 나타났고, 부인의 성관계 만족도가 높으면 남편의 성관계 만족도 또한 높은 것으로 확인되고 있다(p=.501, p〈.000). 이는 기존 연구(한국여성사회연구회, 1992; 이동원 외, 2001; 김연 · 유영주, 2002)의 조사 결과와 유사한 패턴을 보임은 물론이다.

대부분의 연구에서 부인의 성관계 만족도가 남편에 비해 낮게 나타나고 있음은 주목을 요하는데, 그 이유로는 성관계의 주도권을 남편 통제 하에 두는 가부장제적 성 규범과 더불어, 남편의 경우 성적 만족을 경험할 수 있는 기회가 부인에 비해 상대적으로 열려 있다는 점 등을 들 수 있을 것이다(이영자, 1991).

다음, 부부 관계에서 성관계가 차지하는 비중에 대해서는 중요하다는 의견이 중요하지 않다는 의견을 압도하는 가운데 부부간에는 미묘한 차이를 보이고 있다. 곧 부인의 경우는 '약간 중요하다' 63.1%, '매우 중요하다' 24.5%인 반면, 남편의 경우는 '약간 중요하다' 58.6%, '매우 중요하다' 34.1%로 남편에게서 성관계의 중요성을 강조하는 비율이 높게 나타나고 있다. 거꾸로 '별로 중요하지 않다' 및 '전혀 중요하지 않다'는 의견은 부인이 12.1%, 남편이 6.3%로 성관계에 중요한 의미를 부여하지 않는 비율이 부인에게서 높게 나타나고 있다. 부부간 평균값의 차이는 통계적으로 유의미함(t=-13.472, df=2708, p〈.000)은 물론, 부인이 성관계에 비중을 두는 경우 남편 또한 성관계에 비중을 두는 경향이 높게 나타나고 있다(r=.464, p〈.000).

기존 연구를 통해 추론해 볼 수 있는 사실은 한국의 부부 관계에서도 성관계의 비중이 높아지는 방향으로 변화가 진행되면서(박금순 편,

3 평균값은 리커트(Likert) 척도를 사용해 '전혀 그렇지 않다' 1점부터 '매우 그렇다' 5점을 준 후 응답자 수로 나눈 값으로, 수치가 클수록 만족도가 높음을 의미한다.

1983; 이동원 외, 2002),[4] 경제적 부양자나 가정주부로서의 역할 혹은 자녀 양육 및 교육을 담당하는 부모 역할에 충실하기보다, 애정과 친밀성을 구현하는 관계성의 욕구에 비중을 두는 경향이 서서히 강화되고 있음을 알 수 있다. 이로 인해 한편으로는 가족 관계의 중심이 부모-자녀로부터 부부로 이행해 가면서, 다른 한편으로는 기대가 높아진 만큼 현실에서 그 기대가 충족될 수 있는 여건은 갖추어지지 않음으로써 기대와 현실 사이의 불일치로 인해 가족 안정성이 위협을 받으리란 해석이 가능하다(여성한국사회연구회 편, 1992; 남영주 외, 2006).

다음으로 부부간 성관계 빈도를 살펴보면(〈표 1〉 참조), 부인과 남편의 응답이 거의 동일하게 나타나고 있다. 이는 일면 자연스러운 현상으로 비치기도 하나, 관례적으로 이중의 성 관행 및 의식이 강력한 영향력을 행사해 왔음에 비추어볼 때는 다소 의외의 결과이기도 하다.

부부간 성관계 빈도는 부부 모두 '1주일에 1회 정도'가 부인 27.7%, 남편 27.9%로 가장 많고, 다음은 '한 달에 2~3회 정도'가 부부 각각 21.9%로 그 뒤를 잇고 있다. 다음은 '1주일에 2, 3회 정도가' 부인 19.7%, 남편 20.5%이며, '한 달에 1회 정도'가 부인 14.1% 남편 12.9%로 나타나고 있다. 부부간에 성관계가 '전혀 없다'는 경우도 부인 6.6%, 남편 6.2%로 나타나고 있다.[5]

---

4 성관계 비중과 관련해서는 1983년 조사와 비교해 볼 때 설문 문항은 다르나 흥미로운 시사점을 발견할 수 있다. 곧 25년 전 조사에서는 부부간에 기대되는 역할 다섯 가지를 보기로 제시한 후 중요한 순서대로 서열을 정하도록 한 결과, 부부 모두 성관계에 대한 기대는 다른 역할에 비해 낮은 것으로 나타났다. 곧 남편이 부인에게 기대하는 역할의 순서는 가정주부 역할 ⇒ 자녀 양육 및 교육을 담당하는 모성 역할 ⇒ 애정을 주고받는 동반자 역할 ⇒ 성관계의 파트너 ⇒ 경제적 보조자의 순으로 나타났고, 부인이 남편에게 기대하는 역할의 순서는 아버지 역할 ⇒ 애정을 주고받는 동반자 역할 ⇒ 경제적 부양자 역할 ⇒ 성관계의 파트너 ⇒ 가사 협조자 역할의 순으로 나타나, 부부 모두 성관계의 파트너로서 배우자에 대한 기대는 다른 역할과 비교해 볼 때 높지 않은 것으로 나타났다.

5 18세부터 59세에 이르는 보통의 평범한 미국인을 대상으로 한 로버트(Robert, 1994)의 연구에서도 미국의 부부들이 활발한 성관계를 하리라는 인식은 근거가 빈약한 신화라는 것이 밝혀졌다. 실

〈표 1〉 부부간 성관계 빈도

성관계 빈도	부인		남편	
	빈도	%	빈도	%
거의 매일	26	1.0	26	1.0
1주일에 2~3회 정도	532	19.7	555	20.5
1주일에 1회 정도	750	27.7	757	27.9
한 달에 2~3회 정도	592	21.9	593	21.9
한 달에 1회 정도	382	14.1	350	12.9
3개월에 1회 정도 및 그 이하	236	8.7	233	8.6
전혀 없다	179	6.6	169	6.2
무응답	6	0.2	27	1.0
계*	2,703	99.9	2,710	100.0

* 계는 비해당 부인(40명), 남편(33명)을 제외한 숫자임.

다음으로는 부부간 성관계 만족도와 관련해서 밀접한 관계가 있다고 생각되는 변수로서 성관계 비중, 평상시 스트레스 여부, 전반적인 결혼 생활 만족도 사이의 상관 관계를 살펴보았다(〈표 2-1〉, 〈표 2-2〉 참조). 이들 변수 간 상관 관계를 살펴보면, 부부간에 전반적으로 동일한 유형이 나타나고 있다. 곧 부인과 남편 모두 성관계 만족도가 높을수록 성관계 비중이 높은 것으로 나타나고 있고, 평상시 스트레스는 낮아지고 있다. 더불어 성관계 만족도와 전반적 결혼 생활 만족도 간에는 매우 높은 상관 관계가 나타나고 있고, 부부 모두 성관계 비중이 높을수록

제 부부간 성관계 빈도를 조사해 본 결과, 평균적으로 한 달에 6.4회 이하인 것으로 나타났다. 미국 성인의 1/3은 1주일에 2번 정도, 나머지 1/3은 한 달에 가끔씩, 그리고 나머지 1/3은 일년에 가끔 혹은 전혀 성관계를 하지 않는다고 답하고 있다. 그러나 이처럼 성관계의 빈도가 낮다고 해서 성관계에 불만을 느낀다거나 좌절하는 것은 아니어서, 성인의 88%는 자신들의 성관계에 매우 만족하거나 어느 정도 만족한다는 답을 하고 있다는 것이 로버트 연구 팀의 발견이다.

결혼 생활 만족도 또한 높아지고 있으며, 평상시 스트레스가 적을수록 전반적인 결혼 생활 만족도 또한 높아짐을 알 수 있다. 이는 기존의 연구들(연규월 외, 1988; 이동원 외, 2002; 김연 · 유영주, 2002)과 동일한 결과를 보임은 물론이다.

다만 부부간에 유일한 차이를 보이는 것은 성관계 비중과 평상시 스트레스 간 상관 관계이다. 부인의 경우는 부부간 성관계 비중이 높을수록 평상시 스트레스 수준은 낮아지는 것이 통계적으로 유의미한 결과를 보인 반면, 남편의 경우는 이들 두 변수 사이에 유의미한 상관 관계가 나타나지 않고 있다. 남편의 경우는 스트레스를 야기하는 요인이 부부 관계 이외에 다양하게 분산되어 있기에 나타난 결과로 추론된다. 이러한 젠더 격차는 연령별 패턴 속에서 더욱 흥미로운 양상을 보이고 있다.

이들 관계를 연령별로 세분화해 보면, 부인의 경우 20대와 30대, 그리고 60대 이상 연령층에서는 〈표 2-1〉과 동일한 패턴을 보여, 성관계 비중이 높을수록 성관계 만족도도 높게 나타나고, 성관계 만족도가 높을수록 평상시 스트레스는 낮아지며, 성관계 만족도가 높을수록 전반적인 결혼 생활 만족도도 높아지고 있다. 반면 40대와 50대 연령층에서는 성관계 비중과 평상시 스트레스 사이에 의미 있는 상관 관계가 나타나지 않고 있다(〈표 3-1〉 참조). 이는 여성 생애주기의 특성으로 인해 여성 내

〈표 2-1〉 부인의 성관계 관련 변수 간 상관 관계

변수	성관계 만족도	성관계 비중	평상시 스트레스	결혼 생활 만족도
성관계 만족도	1.000			
성관계 비중	.228**	1.000		
평상시 스트레스	–.227**	–.074**	1.000	
결혼 생활 만족도	.519**	.244**	–.299**	1.000

숫자는 Pearson의 상관 계수로 ** $p<.01$ 수준에서 유의미함.

〈표 2-2〉 남편의 성관계 관련 변수 간 상관 관계

변수	성관계 만족도	성관계 비중	평상시 스트레스	부부 관계 만족도
성관계 만족도	1.000			
성관계 비중	.197**	1.000		
평상시 스트레스	-.166**	-.023	1.000	
부부 관계 만족도	.504**	.231**	-.183**	1.000

숫자는 Pearson의 상관 계수로 ** p〈.01 수준에서 유의미함.

부의 이질성이 표출된 것으로, 이 시기 중년의 위기 및 '빈 둥지 증후군(empty nest syndrome)'이 나타나면서(Hockey & James, 2003) 성관계 비중 및 만족도는 감소하는 대신 자녀의 교육 및 결혼 등으로 인해 일상의 스트레스가 높아짐으로 인해 나타난 결과로 추측된다.

한편 남편의 연령별 패턴은 좀 더 흥미로운 결과를 보여(〈표 3-2〉 참조), 20대부터 60대까지 성관계 만족도가 높아지면 평상시 스트레스는 낮아지고, 결혼 생활 만족도는 높아지는 유형을 보이고 있다. 그러나 성

〈표 3-1〉 부인의 연령별 성관계 변수 간 상관 관계

성관계 변수	성관계 만족도					성관계 비중					평상시 스트레스				
	20대	30대	40대	50대	60대 이상	20대	30대	40대	50대	60대 이상	20대	30대	40대	50대	60대 이상
성관계 비중	.259 **	.156 **	.213 **	.176 **	.150 **										
평상시 스트레스	-.308 **	-.256 **	-.233 **	-.212 **	-.170 **	-.163 *	-.099 **	-.030	-.056	-.133 *					
결혼 생활 만족도	.531 **	.553 **	.492 **	.462 **	.385 **	.308 **	.180 **	.229 **	.176 **	.214 **	-.368 **	-.320 **	-.278 **	-.302 **	-.306 **
N	159	906	879	434	347	161	906	882	435	352	160	907	879	434	349
	159	907	879	434	348	160	906	879	434	348					
	159	907	879	434	348										

숫자는 Pearson의 상관 계수로 ** p〈.01 * p〈.05 수준에서 유의미함.

〈표 3-2〉 남편의 연령별 성관계 변수 간 상관 관계

성관계 변수	성관계 만족도					성관계 비중					평상시 스트레스				
	20대	30대	40대	50대	60대 이상	20대	30대	40대	50대	60대 이상	20대	30대	40대	50대	60대 이상
성관계 비중	.044	−.200 **	−.127 **	−.150 **	−.163 **										
평상시 스트레스	−.296 **	−.174 **	−.163 **	−.177 **	−.199 **	.124	.075 *	.061	−.009	−.011					
결혼 생활 만족도	.479 **	.537 **	.487 **	.482 **	.361 **	−.252 **	−.226 **	−205 **	−.156 **	−.129 **	−.089	−.201 **	−.278 **	−.216 **	−.255 **
N	80	777	929	487	440	80	778	931	487	440	80	777	931	487	440
	80	777	929	487	440	80	777	931	487	440					
	80	777	929	487	440										

숫자는 Pearson의 상관 계수로 ** p<.01 * p<.05 수준에서 유의미함.

관계 비중과 성관계 만족도 사이에는 부인과 달리 부정적 상관 관계가 나타나고 있어, 성관계에 대한 비중이 높을수록 만족도는 떨어지고 비중이 낮을수록 만족도는 높아지는 형태를 보이고 있다. 다만 20대 남편의 경우는 표본 숫자가 적어 일반화하는 데는 일정한 제약이 따르고 있다.

또한 부인의 경우는 성관계 비중이 낮을수록 평상시 스트레스가 높아지는 것으로 나타난데 반해 남편의 경우는 30대의 경우만 성관계 비중과 평상시 스트레스 사이에 의미 있는 상관 관계를 보이고 있다. 단 그 방향이 부인은 −이나 남편은 +로 나타나 성관계 비중이 낮을수록 스트레스 또한 낮아지는 것으로 나타나고 있다. 성관계 비중이 높을수록 결혼 생활 만족도가 높음은 모든 연령층에서 동일하게 나타나고 있다. 평상시 스트레스와 부부간의 결혼 생활 만족도 또한 모든 연령층에서 부정적 상관 관계를 보임은 동일하다.

성관계 비중과 평상시 스트레스 수준 사이에 나타나는 상관 관계의 부부간 격차를 해석하기는 쉽지 않다. 현재로서는 부인의 경우 부부 관

계의 질에 따라 일상 생활의 스트레스 여부에 민감하게 영향을 받는 반면, 남편의 경우는 성관계 비중이 크지 않을 때 오히려 부인을 만족시켜 주어야 한다는 스트레스에서 벗어날 수 있어 상대적으로 스트레스를 덜 받게 됨으로써 나타난 결과일 것으로 추측된다.

다음은 성관계 관련 변수들이 부부에 따라 연령별로 어떠한 차이를 보이고 있는지 통계적 유의미도를 검증해 보면(〈표 4〉 참조), 성관계 만족도, 성관계 비중, 평상시 스트레스 및 부부 생활 만족도 모두 남편의 평균값이 부인보다 일관성 있게 높게 나타나고 있고 부부 모두 연령별로 유의미한 차이를 보이고 있다.

성관계 만족도의 경우 다소 특이한 현상은 남편의 경우는 20대로부터 60대로 갈수록 만족도가 낮아지는 반면, 부인의 경우는 20대에서 50대까

〈표 4〉 부부간 연령별 성관계 관련 변수

성관계 변수	구분	20대	30대	40대	50대	60대 이상	전체	통계적 유의미도
성관계 만족도	부인	3.86# (159)	3.60 (897)	3.49 (879)	3.29 (434)	4.06 (348)	3.46 (2,727)	F=35.647*** df=4, 2722
	남편	4.03 (80)	3.75 (777)	3.52 (929)	3.43 (487)	3.27 (440)	3.54 (2,713)	F=31.077*** df=4, 2708
성관계 비중	부인	3.32 (161)	3.24 (906)	3.15 (879)	2.98 (435)	2.77 (352)	3.11 (2,736)	F=48.445*** df=4, 2731
	남편	3.50 (80)	3.44 (778)	3.31 (931)	3.18 (487)	2.97 (440)	3.28 (2,716)	F=54.037*** df=4, 2711
평상시 스트레스	부인	2.39 (161)	2.50 (907)	2.50 (882)	2.51 (435)	2.43 (353)	2.49 (2,738)	F=2.319* df=4, 2733
	남편	2.36 (80)	2.53 (778)	2.54 (931)	2.52 (487)	2.40 (440)	2.50 (2,716)	F=5.955* df=4, 2711
결혼 생활 만족도	부인	4.04 (160)	3.77 (907)	3.56 (879)	3.38 (434)	3.37 (349)	3.60 (2,729)	F=34.967*** df=4, 2724
	남편	4.21 (80)	4.00 (777)	3.78 (931)	3.66 (487)	3.59 (440)	3.80 (2,715)	F=31.781*** df=4, 2710

평균값은 각 변수별로 Likert 척도를 사용, 계산한 것으로 숫자가 높을수록 만족도, 비중, 스트레스가 높음을 의미함. *** p〈.000, * p〈.05 수준에서 유의미함.

지는 성관계 만족도가 낮아지나 60대 이상은 오히려 20대보다 높은 평균값(4.06)을 보이고 있다. 이에 대해서는 심층적 분석이 따라야 할 것이나 노인의 성관계 관련 조사 자료(함인희, 2008)를 보면, 부인의 경우 남편과 성관계를 갖지 않을 때 '남편이 나를 귀찮게 하지 않는다는 점'에서 만족한 반면, 남편의 경우는 부인이 성관계를 거부함으로써 좌절과 소외감을 느끼는 것으로 나타났다는 점과 일맥상통한 결과로 보인다.

성관계 비중은 부부가 모두 연령이 높아질수록 비중도 낮아지는 경향을 일관성 있게 보여 주고 있다. 이는 통계적으로도 유의한 바(p<.000), 연령이 높아질수록 성관계 비중이 낮아진다는 상식을 반영하고 있다. 결혼 생활이 지속되면서 성관계 빈도가 점차 감소 추세를 보이는 이유는 생물학적 노화의 영향일 수도 있겠지만, 좀 더 직접적으로는 자녀 출산 및 양육에 따른 부담과 더불어 일터에서의 요구와 부담이 점차 증가하는 현실을 지목할 수 있을 것이다.

한편 부부간 평상시 스트레스 수준을 비교해 보면 20대와 60대 이상 부부의 경우는 부인의 평균값이 높고, 30대부터 50대까지는 남성의 평균값이 높아 생애주기의 과업에 따른 스트레스 수준이 부부간 상이하게 나타남을 보여 준다. 특히 부인의 경우는 20대부터 50대에 이르기까지 계속 스트레스가 올라가고 60대 이후 들어서야 스트레스가 낮아지는 반면, 남편의 경우는 40대를 정점으로 다시 스트레스가 낮아지는 현상을 보여 주고 있다. 남편의 경우 40대 연령층에서 스트레스 수준이 가장 높게 나타나는 이유는 직장에서 퇴출될 확률이 높은 시기이자 동시에 자녀교육비 부담이 가장 높은 시기인데서 나타난 현상으로 보인다.

결혼 생활 만족도는 부인과 남편 모두 연령이 높아질수록 낮아져, 20대의 평균값이 부인 4.04, 남편 4.21로 가장 높고, 60대 이상의 평균값이 부인 3.37, 남편 3.59로 가장 낮게 나타나고 있다. 이들 차이는 통계적으로도 유의미하다($p < .000$). 결혼 생활의 만족도가 연령이 높을수록 낮아지고 있음은 실제로 결혼 기간이 길어지면서 만족도가 떨어지는 것인지, 아니면 연령 혹은 세대에 따라 결혼 생활의 만족도가 결혼 생활에서 차지하는 비중이 낮아지기 때문인지 여부는 시계열적(longitudinal) 연구를 통해 검증되어야 할 것이다.

2. 부부간 성관계 관련 의식의 젠더 격차

이 조사에서 실제 성관계와 관련해서는 뚜렷한 젠더 격차가 드러나지 않았음에 비해, 부부간 성관계 관련 의식을 질문해 본 결과 상대적으로 성별 격차가 확연히 나타나고 있어, 부부 갈등의 소지가 잠재되어 있음을 짐작해 볼 수 있다.

먼저 '서로 사랑한다면 결혼 전이라도 성관계가 가능하다'는데 대해서는 긍정적 응답이 부정적 응답을 앞지르고 있어, 한국 사회에서도 혼전 성관계의 규범이 획기적으로 변화했음을 보여 주고 있다(〈표 5〉 참조). 혼전 성관계에 대한 긍정적 응답 비율은 부인이 60.4%, 남편이 65.7%로 남편이 다소 높고, 반면 부정적 응답 비율은 부인이 39.4%, 남편이 33.2%로 부인이 다소 높다.

혼전 성관계[6]와 관련해서는 1983년 조사에서 남자의 24.2%, 여자의 15.0%가 실제 '혼전 성관계를 가졌다'고 답한 이후, 2000년 조사에서는 그 비율이 남자 59%, 여자 33%로 증가했다. 혼전 성관계 경험은 성별·

6 혼전 순결 이데올로기는 이제 눈에 띄게 약화된 것이 확실한 듯하다. 실제로 "배우자의 혼전 성경험을 알게 된다면 어떻게 할 것인지"를 질문해 본 2000년 조사에서, '모르는 척 하겠다'는 응답이 29%로 가장 높았고 '용서는 안 되겠지만 이혼은 안 할 것'이라는 응답이 26%로 뒤를 잇고 있다. 한편 '상관없다'는 응답이 14%, '이미 알고 결혼했다'는 응답이 6%로 나타나고 있는 가운데, '당장 이혼할 것이라'는 응답은 7%에 머물고 있음은 과거와 비교해 볼 때 혼전 성관계를 둘러싼 태도 변화의 폭을 짐작케 한다(이동원 외, 2002).

〈표 5〉 부부간 성관계 관련 의식 비교

단위: 빈도(%)

성관계 관련 의식	사랑한다면 혼전 성관계가 가능하다		결혼했더라도 혼외 관계가 가능하다		배우자 외에 애인이 필요할 때도 있다	
	부인	남편	부인	남편	부인	남편
전혀 그렇지 않다	387(14.1)	299(10.9)	1,399(51.0)	1,033(37.7)	1,190(43.4)	998(36.4)
별로 그렇지 않다	694(25.3)	613(22.3)	977(35.6)	1,115(40.6)	934(34.1)	994(36.2)
약간 그렇다	1,458(53.2)	1,449(52.8)	299(10.9)	497(18.1)	548(20.0)	654(23.8)
매우 그렇다	198(7.2)	355(12.9)	63(2.3)	71(2.6)	66(2.4)	70(2.6)
무응답	6(0.4)	27(1.0)	5(0.2)	27(1.0)	5(0.2)	27(1.0)
계	2,743(100.0)	2,743(100.0)	2,743(100.0)	2,743(100.0)	2,743(100.0)	2,743(100.0)

연령별로 뚜렷한 차이를 나타내어, 20대 남자의 경험률이 67%로 가장 높았고, 30대 남자가 66%, 40대 남자가 60%로 나타났다. 여자의 경우는 20대가 49%, 30대가 43%로 나타났다.

다음 '결혼을 했더라도 배우자 이외의 사람과 성관계를 가질 수 있다'는데 대해서는 부정적 응답이 긍정적 응답을 압도하고 있긴 하지만, 이에 동의하는 비율이 부인 13.2%, 남편 20.7%로 나타나고 있음은 주목할 만하다. 물론 이 질문 항목에 동의한다고 해서 곧 혼외 관계를 경험하고 있음을 의미하는 것은 아닐 것이다. 그럼에도 일부일처제의 근간이랄 수 있는 배우자와의 배타적 성관계를 부인하고 있다는 점에서는, 언제라도 부부 관계를 위협할 수 있는 요인으로 작용할 소지가 크다 하겠다.

혼외 관계의 경험은 개인의 가장 비밀스러운 영역으로서 설문조사와 같은 방법으로는 정확히 파악하기 어려운 사안임이 분명하다. 그럼에도 불구하고 1983년 조사에서 '깊은 관계를 경험해 본 적이 있는지' 질문해 본 결과 '어쩌다 우연히 1번'이 남자 14.6%, 여자 2.9%, '여러 사람과 여러 번'이 남자 8.7%, 여자 1.2%로 나타났고, '말할 수 없다'가 남자

9.9%, 여자 2.5%로 나타났다. 이렇게 보면 최소한 응답자 가운데 남자의 33.2%, 여자의 6.6%가 혼외 관계[7]를 경험한 것으로 추측해 볼 수 있다.

2000년 조사에서는 '본인의 외도 경험'을 질문해 본 결과 남자가 15%, 여자가 3%로 나타났고, '배우자의 외도 경험'을 묻는 질문에 대해서는 여자가 16%, 남자가 4%로 나타나 흥미있는 대조를 보이고 있다. 더불어 2000년 조사에서는 질문 문항을 달리하여 '배우자가 외도를 할까 걱정되십니까?'라고 물은 결과, '매우 걱정된다'는 응답자가 3%, '다소 걱정된다'는 경우가 17%로 나타났고, 나머지 80%의 응답자는 '전혀' 혹은 '별로' 걱정되지 않는다는 응답을 하고 있다. 단 성별로는 남자의 15%가 배우자의 외도를 우려한다고 답한 반면 여자의 경우는 그 비율이 26%로 의미 있는 차이를 보여 주고 있음이 주목된다. 이는 당위적 차원에서는 이중 성윤리의 부당함을 인정하나 현실적으로는 여전히 남성 중심의 성 규범이 작동하고 있는 현실의 모순을 부분적으로 반영하는 결과라 생각된다.

세 번째로 '배우자 이외에 애인이 필요할 때가 있다'는데 대해서는 부인이 남편에 비해 더욱 부정적 태도를 보여 부인은 '전혀 그렇지 않다'는 강경한 반대가 43.4%로 가장 높고, 다음이 '별로 그렇지 않다'는 온건한 부정이 34.1%로 나타나고 있는 반면, 남편은 강경한 반대 입장과 온건한 반대가 각각 36.4%, 36.2%로 비슷한 비율을 보이고 있다. 한편 이에 동조하는 비율은 부인이 22.4%, 남편이 23.8%로 남편이 근소한 차이나마 높게 나타나고 있다(〈표 5〉 참조).

---

7 혼외 관계의 상대를 만나게 된 계기를 보면, 남자의 경우는 198명 응답자 가운데 '유흥업소에서 만난 사이'가 32.7%로 가장 높고, 다음은 '결혼 후 우연히 알게 된 사이'가 25.2%, '결혼 전부터 아는 사이'가 12.4%로 나타나고 있다. 반면 여자의 경우는 66명으로 숫자가 소수이긴 하지만 남자와는 뚜렷이 구분되는 양상을 보여, '결혼 후 우연히 알게 된 사이'가 26.5%로 가장 높고, 뒤를 이어 '결혼 전부터 아는 사이'가 23.5%, '인척 관계'가 16.7%, '직장에서 알게 된 사이'가 15.7%로 나타나고 있다.

이 결과는 현재 '외도'에 대한 정확한 통계가 밝혀지지 않은 상황에서 신중한 해석이 요구되긴 하나, 태도가 행동을 야기하는 주요인이라고 볼 때 혼외 관계를 긍정하고 애인의 필요성을 인정하는 태도가 13.2%에서 23.8%에 걸쳐 나타나고 있음은 주목을 요한다 하겠다.

지금까지 살펴본 부부의 성관계 관련 의식 또한 연령별로 의미 있는 차이를 나타내고 있음은 물론이다(〈표 6〉 참조). 혼전 성관계 허용도는 남편과 부인 모두 연령이 낮을수록 높고 연령이 높을수록 낮아지는 경향을 보이고 있다. 이 결과는 최근 한국 가족의 현주소 조사에서 성-사랑-결혼의 순서를 묻는 질문에서 연령이 낮을수록 사랑-성-결혼의 비율이 높게 나타나고 있는 현상과 일맥상통한다(이동원 외, 2002).

결혼 후 혼외 관계에 대해서는 부부가 연령에 따라 상이한 패턴을 보여 주고 있다. 부인의 경우는 40대 평균값이 1.70으로 가장 높은 반면, 남편의 경우는 30대 평균값이 1.93으로 가장 높다. 연령이 낮은 층에서

〈표 6〉 연령별 부부간 성관계 관련 의식

성 관련 의식	구분	20대	30대	40대	50대	60대 이상	전체	통계적 유의미도
사랑한다면 혼전 관계 가능	부인	3.00# (161)	2.77 (907)	2.57 (882)	2.24 (435)	2.00 (352)	2.54 (2,737)	F=92.793*** df=4, 2732
	남편	3.18 (80)	3.03 (778)	2.75 (931)	2.45 (487)	2.14 (440)	2.68 (2,716)	F=116.513*** df=4, 2711
결혼 후 혼외 관계 가능	부인	1.69 (161)	1.69 (907)	1.70 (882)	1.56 (435)	1.48 (353)	1.64 (2,738)	F=7.222*** df=4, 2733
	남편	1.83 (80)	1.93 (778)	1.88 (931)	1.83 (487)	1.70 (440)	1.85 (2,716)	F=6.159*** df=4, 2711
배우자 이외 애인 필요	부인	1.96 (161)	1.94 (907)	1.82 (882)	1.73 (435)	1.52 (353)	1.82 (2,738)	F=18.802* df=4, 2733
	남편	1.93 (80)	1.99 (778)	1.99 (931)	1.91 (487)	1.68 (440)	1.92 (2,716)	F=12.382*** df=4, 2711

평균값은 각 변수별로 리커트 척도를 사용, 계산한 것으로 숫자가 높을수록 성 관련 의식의 허용도가 높음을 의미함. *** p〈.000, * p〈.05 수준에서 유의미함.

높은 층보다 혼외 관계의 허용도가 다소 높게 나타나고 있음은 부인과 남편 모두 동일하게 나타나고 있다. 40대 부인의 평균값이 가장 높게 나타나고 있음이 흥미로운데, 이는 '중년의 위기'와 일정 정도 관계가 있으리라 추측된다.

배우자 이외의 애인이 필요한지에 대해서는 대체로 연령이 낮을수록 그럴 수 있다는 태도를 보이고 있는 가운데, 부인은 20대와 30대의 평균값이 높고, 남편은 30대와 40대의 평균값이 높게 나타나고 있다. 젊은 연령층일수록 '낭만적 사랑의 각본'으로부터 강한 영향을 받고 있음을 추측케 한다(조주현, 1993).

한편 부부의 성관계 관련 의식은 교육 정도에 따라 부부간에 동일한 패턴을 보이고 있다(〈표 7〉 참조). 곧 남편과 부인 모두 교육 정도가 높아질수록 혼전 관계 허용도가 높아지고 있고, 혼외 관계 및 배우자 이외의 애인의 필요성에 대한 허용도는 고등학교 졸업 집단에서 평균값

〈표 7〉 교육 정도별 부부간 성의식

성의식	구분	중졸 이하	고등학교	전문대 졸 이상	전체	통계적 유의미도
사랑한다면 혼전 관계 가능	부인	2.15# (722)	2.64 (1,414)	2.77 (596)	2.54 (2,732)	F=124.103*** df=2, 2729
	남편	2.19 (515)	2.77 (1,111)	2.83 (1,076)	2.68 (2,702)	F=124.972*** df=2, 2699
결혼 후 혼외 관계 가능	부인	1.49 (723)	1.73 (1,414)	1.63 (596)	1.65 (2,733)	F=24.070*** df=2, 2730
	남편	1.66 (515)	1.92 (1,111)	1.88 (1,076)	1.85 (2,702)	F=20.595*** df=2, 2699
배우자 이외 애인 필요	부인	1.59 (723)	1.90 (1,414)	1.88 (596)	1.81 (2,733)	F=38.061*** df=2, 2730
	남편	1.70 (515)	2.00 (1,111)	1.96 (1,076)	1.93 (2,702)	F=10.081*** df=2, 2699

평균값은 각 변수별로 리커트 척도를 사용, 계산한 것으로 숫자가 높을수록 성 관련 의식의 허용도가 높음을 의미함. *** p<.000, * p<.05 수준에서 유의미함.

이 가장 높고, 다음은 전문대 졸 이상, 그리고 중졸 이하의 순으로 나타나고 있다.

대부분의 가치관 조사에서 학력이 높아질수록 개방적이며 자유주의적인 태도를 보이고 있다는 점에서 이 조사 결과 역시 같은 맥락으로 이해되는 동시에, 고등학교 졸업 학력의 경우 성 관련 규범에 대해 다른 집단보다 자유주의적인 의식을 보이고 있음이 주목된다.

3. 배우자의 외도와 이혼의 관계

배우자의 외도에 주목하는 이유는 이것이 결정적으로 부부 관계를 해소시키는 요인으로 작용하는지 여부와 밀접한 관계가 있기 때문이다. 이에 '배우자가 바람을 피울 경우 이혼할 것인지' 질문해 본 결과 부부가 거의 동일한 답을 하고 있다(〈표 8〉 참조). 부인과 남편 모두 이에 대해서는 강력한 긍정이 각각 35.3%, 35.4%로 가장 높고, 다음은 동의의 강도는 다소 떨어지지만 역시 이혼을 하겠다는 응답이 부인 34.6%, 남편 33.2%로 부인이 근소한 차이로 높다. 배우자의 외도가 이혼 사유는

〈표 8〉 배우자의 외도와 이혼 사이의 관계

배우자가 계속 바람을 피우면 이혼할 것이다	부인		남편	
	빈도	%	빈도	%
매우 그렇다	967	35.3	971	35.4
약간 그렇다	950	34.6	911	33.2
별로 그렇지 않다	529	19.3	553	20.2
전혀 그렇지 않다	292	10.6	281	10.2
무응답	5	0.2	27	1.0
계	2,743	100.0	2,743	100.0

아니라는 입장은 부인이 29.9%, 남편이 30.4%로 나타나고 있다. 이에 대한 부부간의 태도 사이에는 긍정적 상관 관계가 나타나고 있어(r=.458, p<.000) 부인이 배우자의 외도를 용납하지 못하는 경우에는 남편 또한 용납하지 못하는 경향이 높음을 알 수 있다.[8]

한편 1983년 조사에서도 배우자의 외도를 알게 되었을 경우 이혼을 실행할 것인지 여부를 질문해 본 결과, 남자의 경우는 27.7%가 '이혼할 생각이다' 27.5%가 '이혼을 생각해 보겠다'고 답하고 있어 부인의 외도는 곧 이혼으로 연결될 가능성이 높음을 보여 준 반면, 부인의 경우는 '이혼을 생각해 보겠다'가 28.7%로 가장 높은 대신 '이혼할 생각은 없다'가 26.1%로 그 뒤를 잇고 있어 남편의 태도와 좋은 대조를 보였다.[9] 부인 가운데 '이혼할 생각'이라 응답한 경우는 14.6%에 머물러 남편의 절반 수준을 보였다.

2000년 조사에서는 '만일 배우자의 외도를 알게 된다면' 하는 질문에 대해 '다시는 외도를 하지 않도록 다짐을 받을 것이다'가 44%, '이혼을 할 것이다'가 28%, '모르는 척 한다'가 14%로 나타나고 있다. 다만 배우

---

8 이 조사에서 나타나고 있는 또 하나의 흥미로운 대목은 실제 이혼 경험이 있는 사례로서 부인 16명과 남편 19명을 대상으로 이혼 사유에 대해 복수 응답한 내용을 비교해 보면, 적은 사례 속에서나마 부부간에 의미 있는 차이가 발견된다는 사실이다. 곧 부인의 이혼 사유로는 성격, 생각, 생활 습관의 차이(12), 경제적 이유(9), 배우자의 외도(3), 시집과의 갈등, 약물 · 알코올 · 도박, 종교 문제, 아이가 없어서(각 1)로 나타나고 있고, 남편의 경우는 성격, 생각, 생활 습관 차이(12), 배우자의 외도(9), 본인 외도(2), 경제적 이유(6), 처가와 갈등(2), 시집과 갈등, 폭력 학대, 약물 · 알코올 · 도박, 종교 문제, 성적 불만족(각 1)으로 나타나고 있다. 부인과 남편 모두 이혼 사유로 성격, 생각, 생활 습관의 차이를 꼽는 비율이 가장 높은 가운데 부인의 경우는 경제적 이유가 그 뒤를 잇고 있는데 반해 남편의 경우는 배우자의 외도가 뒤를 잇고 있어 부부간에 좋은 대조를 보이고 있다. 곧 의식 측면에서는 배우자가 외도하면 이혼을 하리라는데 부부가 같은 비율로 동의하고 있지만, 실제로 이혼한 부부의 이혼 사유에서 배우자의 외도가 차지하는 비중은 남편이 부인보다 월등히 높음에서 외도의 의미가 부부 사이에 달리 받아들여지고 있음을 엿볼 수 있다.

9 배우자의 외도를 알고도 이혼하지 않는 이유에 대해서는 부부 모두 '자녀가 있기 때문에'가 남편의 64.7%, 부인의 74.7%로 가장 높은 비율을 보이고 있고, 다음으로는 '조강지처를 버릴 수 없기 때문에'가 각각 남편의 16.0%, 부인의 7.3%, 그리고 '흔히 있을 수 있는 일이기 때문에'가 각각 10.0%, 7.0%로 나타나고 있다(박금순 편, 1983).

자가 외도를 할 경우 이혼을 하겠다는 응답자의 특성을 보면, 성별로는 남자가 38%로 여자의 19%에 비해 월등히 높고, 연령별로는 20대가 38%로 가장 높다.

이상의 결과로부터 유추해 볼 수 있는 바 의미 있는 변화로는, 과거 부인의 경우는 남편의 외도를 이혼과 직결시키는 비율이 상대적으로 낮은 대신 부인의 외도는 곧장 이혼 사유가 되었던 현상에 비추어보면, 부부간의 성에 대한 인식이 일정 정도는 평등한 방향으로 변화되고 있음을 보여 준다. 더불어 1983년 조사에서 이미 배우자의 외도가 과소 보고(under report)된다는 현실에 비추어볼 때 상당한 비중으로 나타나고 있었다는 점이 주목된다.

실제 혼외 관계를 경험한 적이 있는 기혼 여성 16명을 대상으로 심층 면접을 시도한 바 있는 공미혜 · 구명숙(2001)의 연구에 따르면, 혼외 관계의 경험은 여성들로 하여금 '빈 둥지 증후군'이나 남편에 대한 실망 및 분노를 벗어나도록 해 주는 통로가 될 것으로 기대되지만, 실제로는 가부장제 하에서 주체성을 상실한 여성의 허위 의식 및 수동적 나르시시즘을 반영함으로써 더욱 큰 좌절과 패배감을 안겨 주고 있다는 결과를 보고하고 있다.

결국 혼외 관계의 경험 속에 기존의 부부 관계가 내포하고 있는 환상과 허상, 불만과 분노가 적나라하게 표출되고 있음을 고려할 때, 혼외 관계를 요새(fortress) 속에 갇힌 비밀스러운 이면 영역에 묻어두기보다는 그 경험 내용의 의미를 표면 영역으로 이끌어 냄으로써, 부부 스스로 부부 관계의 의미를 솔직하게 재점검해 보는 계기로 삼아야 할 것이다.

4. 부부간 성관계 만족도에 영향을 미치는 변수

여기에서는 부부간 성관계 만족도에 영향을 미치는 요인은 무엇인지 살펴보고자, 인구학적 요인, 부부간 성관계와 관련된 직접적 요인, 그리고 전반적인 결혼 생활 스트레스 및 만족도로 범주화해 단계별 회귀분석을 시도해 보았다(〈표 9-1〉, 〈표 9-2〉 참조).

그 결과 부인과 남편 사이에 몇 가지 상이한 유형이 나타났다. 먼저 부인의 경우 인구학적 변수만 고려된 모델 1(Model 1)에서는 연령만이 유의미한 영향을 미친 반면, 남편의 경우는 연령과 더불어 교육 정도가 동시에 영향을 미치는 것으로 나타났다. 곧 부인의 경우는 교육 정도와 무관하게 연령이 낮을수록 성관계 만족도가 올라가는 반면, 남편의 경우는 연령이 낮을수록, 그리고 학력이 높을수록 성관계 만족도가 올라가는 것으로 나타났다.

2단계 인구학적 변수와 성관계 관련 변수를 동시에 고려한 모델 2(Model 2)에서도 부부간 차이가 나타나고 있다. 곧 부인의 경우는 인구

〈표 9-1〉 부인의 성관계 만족도에 영향을 미치는 변수

범주	변수	Model 1(β)	Model 2(β)	Model 3(β)
인구학적 특성	연령	−.169***	−.081*	−.053
	교육 연수	.040	.049	.055
	월 평균소득	.036	.049	.027
성관계 관련 특성	성관계 비중		.154***	.071**
	성관계 빈도		.200***	.105***
	혼외 관계 허용도		−.203***	−.115***
부부 관계 특성	배우자 스트레스			−.113***
	일반적 스트레스			−.058*
	결혼 생활 만족도			.399***
R		.041	.139	.340
constant		14.680***	10.081***	6.868***

〈표 9-2〉 남편의 성관계 만족도에 영향을 미치는 변수

범주	변수	Model 1(β)	Model 2(β)	Model 3(β)
인구학적 특성	연령 교육 연수 월 평균소득	-.136*** .108*** .009	-.033 .106*** .022	-.013 .067** .026
성관계 관련 특성	성관계 비중 성관계 빈도 혼외 관계 허용도		.102*** .203*** -.153***	.032* .133*** -.157***
부부 관계 특성	배우자 스트레스 일반적 스트레스 결혼 생활 만족도			-.103*** -.063*** .412***
R		.047	.117	.309
constant		24.780***	15.526***	9.353***

학적 특성 중 연령 변수가 그대로 영향을 미치고 있고, 성관계와 관련된 변수는 모두 부부간 성관계 만족도에 의미 있는 영향을 미치는 것으로 나타나고 있다. 곧 성관계 비중이 높을수록, 성관계 빈도가 높을수록 성관계의 만족도도 높아지고 있고, 혼외 관계 허용도와는 부적(負的) 상관 관계를 보이고 있다.

반면 남편의 경우는 성관계 관련 변수가 포함되면서 인구학적 특성 중 연령 변수의 영향은 사라지고 교육 정도에 따른 영향만 남는 것으로 나타난다.

마지막 3단계 인구학적 변수와 성관계 특성, 그리고 부부 관계의 특성이 모두 고려된 모델 3(Model 3)에서도 부부간 회귀방정식에 다소의 차이가 나타나고 있다. 곧 부부 모두 배우자의 스트레스가 낮을수록, 일반적 스트레스가 낮을수록, 그리고 결혼 생활 만족도가 높을수록 부부간 성관계 만족도가 높아지고 있다. 그러나 부인의 경우는 성관계 및 부부 관계의 특성이 더 중요하고 인구학적 특성의 중요성은 모두 사라지는 반면, 남편의 경우는 여전히 교육 정도가 부부간 성관계 만족도에

영향을 미치는 주요 변수로 남아 있다.

남편의 교육 정도가 상징하는 바는 남편의 사회적 지위와 연결되고 사회적 지위가 높은 남편의 경우 부부 관계에서 실질적 파워를 행사할 가능성이 높기 때문인 것으로 보인다.

한편 성관계 비중 및 성관계 빈도는 성관계 만족도에 부부 모두 유의미한 영향을 미치고 있어, 성관계 비중이 높을수록 성관계 횟수가 빈번할수록 성관계 만족도 또한 높아지고 있다. 더불어 혼외 관계에 대한 허용도가 높을수록 성관계 만족도는 떨어지는 것으로 나타나고 있다. 물론 이는 현재 부부간 성관계에 대한 만족도가 떨어지기에 혼외 관계를 하나의 대안으로 생각하는 경향이 높아질 가능성도 배제할 수는 없으나, 다른 한편으로는 부부간 성에 대해 자유주의적 태도를 갖는 집단에서 부부간 성관계에 대한 기대가 높아지면서 이에 대한 충족도가 떨어질 가능성도 배제하기는 어려울 것이다.

그러나 좀 더 주목할 만한 점은 한국의 부부 관계에서 성관계 만족도에 좀 더 의미 있는 영향을 미치는 변수로는 배우자로 인한 전반적 스트레스, 결혼 전반에 걸쳐 경험하는 스트레스, 그리고 전반적인 결혼 생활 만족도라는 사실이다. 곧 이들 범주가 회귀방정식에 포함되었을 때 설명력이 눈에 띄게 높아지고 있다. 이 현상 역시 부부 관계에 나타나는 한국적 특성을 반영하는 것으로, 전반적인 결혼 생활이 만족스럽다는 것은 배우자를 둘러싼 친인척 관계가 만족스럽다는 것이요, 배우자의 사회적 성공 또한 결혼 생활의 만족도에 긍정적 영향을 미친다는 점을 염두에 둘 때 수긍이 가는 결과라 생각된다.

실제로 배우자로 인한 스트레스가 높을수록, 더불어 결혼 생활 전반에 걸쳐 스트레스가 많을수록 부부간의 성관계 만족도가 낮아지고 있고, 반면 결혼 생활의 만족도가 높을수록 성관계 만족도도 높아지고 있다. 물론 결혼 생활의 만족도와 성관계 만족도 사이에는 상호작용 효과가 있음을 고려한다 해도, 부부간의 성관계 만족도를 높이기 위해서는 결혼 생활 전반에 걸쳐 스트레스를 야기하는 요인을 찾아 이를 해소하는 작업이 선행되어야 함을 추론하는 데는 부족함이 없는 결과라 생각된다.

Ⅳ. 맺음말

이상에서 살펴본 바 한국 부부의 성관계 현황 및 관련 인식을 정리해 보면, 성관계 만족도 및 성관계 비중 모두 남편이 부인보다 높고, 연령이 낮을수록 높은 경향을 보이는 점에서는 기존의 연구와 맥을 같이한다. 성관계 비중은 25년 전 조사와 비교해 볼 때 더욱 강화되고 있음을 보여 주고 있다. 성관계 빈도의 경우 부부간에 매우 유사한 응답 패턴을 보이고 있음은 기존의 이중 성윤리 관행을 고려할 때 의미 있는 결과라 하겠다.

한편 부부간의 성관계 만족도, 성관계 비중, 평상시 스트레스, 그리고 결혼 생활 만족도 사이의 상관 관계를 보면 부부간에 동질성과 이질성이 공존한다. 부인의 경우 부부간 성관계 비중이 높을수록, 일상의 스트레스가 낮을수록, 결혼 생활 만족도가 높을수록 성관계 만족도가 높아진다. 반면 남편의 경우는 성관계 비중이 높을수록 성관계 만족도가 낮아지고 있고, 부인과는 달리 성관계 비중과 평상시 스트레스 수준 사이에 유의미한 관계가 없으며 유일하게 상관 관계가 나타나는 30대의 경우도 성관계 비중이 낮을수록 스트레스도 낮아지고 있다.

이들 부부간 젠더 격차에 대한 해석은 좀 더 심층적 연구가 따라야 할 것이나, 현재로서는 남성의 생애주기상 나타나는 특성과 남성의 삶에서 부부 관계 및 직업 지위의 관계가 부인과는 질적으로 다르게 정립되어 있음을 보여 준다.

한편 부부간 성관계 관련 의식에서는 성관계 실태와 비교해 볼 때 부부간 인식의 격차가 뚜렷이 감지되고 있어, 혼전 성관계에 대한 태도 및 혼외 관계에 대한 태도 모두 남편이 부인에 비해 허용적 태도를 보이고 있다. 단 1983년 조사와 비교해 보면 부부간 의견의 격차가 점차 축소되는 방향으로 변화하고 있음은 주목할 만하다.

부부간 성의식은 연령이 낮을수록 교육 정도가 높을수록 일관성 있게 개방적 · 허용적 평등적 태도를 보이고 있음은 향후 부부간 성의식의 변화 방향을 가늠케 해 주는 지표라 할 것이다.

마지막으로 부부간 성관계 만족도에 영향을 미치는 요인을 비교해 보면, 인구학적 배경만 포함된 모델 1에서 부인은 연령만이 의미 있는 영향 요인으로 나타난 반면 남편은 연령과 더불어 교육 정도가 중요한 변수로 밝혀졌다. 다음 인구학적 특성과 성관계 관련 특성을 동시에 고려한 모델 2에서도 부인의 경우는 연령이 낮아질수록 부부간 성관계 만족도가 높아진 반면, 남편의 경우는 연령의 영향은 사라지고 교육 정도가 유의미한 영향을 미치는 것으로 나타났다. 성관계 비중과 성관계 빈도가 높을수록 부부간 성관계 만족도가 높아지고, 혼외 관계 허용도가 높을수록 성관계 만족도가 낮아짐은 부부 모두 동일한 패턴을 보이고 있다.

모델 2 변수에 부부 관계의 특성을 고려한 모델 3의 경우, 배우자에 대한 스트레스가 낮을수록, 일상 생활의 스트레스가 낮을수록, 그리고 결혼 생활 만족도가 높을수록 부부간 성관계 만족도가 높아짐은 부부 모두 동일하나, 부인의 경우는 인구학적 배경 변수보다 부부 관계의 특성 및 성관계의 특성이 좀 더 의미 있는 영향을 미치는 반면, 남편의 경우는 여전히 학력에 따른 차이가 유의미한 것으로 나타났다. 추론컨대 부인의 경우 부부 관계의 질적 측면이 곧 부부간 성관계의 만족도를 결정하는 요인이 되나, 남편의 경우는 교육 정도로 대변되는 사회적 배경이 중요한 영향력을 행사하는 것으로 보인다.

이상에서 전통적으로 내려오던 부부간의 이중 성윤리가 약화되고 있음은 긍정적으로 평가할 일이나, 남편의 경우는 태도와 행동 간의 괴리가 부인에 비해 상대적으로 클 것인바, 개인적 수준에서 더욱 심각한 갈등을 경험하고 있으리라 짐작된다. 실제로 1990년대 중반 이후 이혼율 급증의 원인으로서, 부인의 의식은 탈가부장제화되고 있음에 반해 남편은 가부장제를 고수하려는 경향이 강하게 나타나는 의식의 변화 속도 차이가 지목된 바 있다.

남편의 약 20%, 부인의 약 13%가 혼외 관계에 대해 허용적 태도를 보이고 있음은, 배우자의 '혼외 관계'가 주요한 이혼 사유로 등장하고 있는 현실에 비추어볼 때, 현재 한국의 부부 관계를 위협하는 중요한 요인으로 보아 무리가 없을 것이다. 혼전 성규범은 서구식 성해방 풍조와는 의미를 달리할 것이나 한국 사회에서도 사랑을 전제로 하는 혼전 관계에 대해서는 부부간 동의 정도가 매우 높게 나타나고 있음을 주목해야 할 것이다.

마지막으로 부부간 성관계 만족도에서 특기할 만한 것은 노부부의 패턴이다. 60대 이상 노부부의 경우 부인의 만족도 평균값은 모든 연령층 중에서 가장 높은(평균 4.06) 반면 남편의 만족도는 거꾸로 가장 낮다(평균 3.27). 이는 노인 세대로 갈수록 부부간 성관계에 대한 갈등의 소지가 커질 수 있음을 보여 주는 지표라 생각된다.

결국 가족의 중심이 부모-자녀로부터 부인-남편으로 이동해 가는 상황에서 지금까지 부재하거나 척박했던 '부부 관계의 문화'를 든든히 할 때만이 부부간 성관계의 질을 고양시킬 수 있는 길이 되리라 생각한다.

〈참고 문헌〉

고정애, 「기혼여성의 성만족 및 일반적 의사소통과 성 관련 의사소통이 결혼만족도에 미치는 영향」, 서울여자대학교 특수치료전문대학원 석사학위 논문, 2004.

공미혜 · 구명숙(2001), 「혼외 관계에서 나타나는 가부장적 이데올로기」, 『한국여성학』 제17권 2호, 99-127, 2001.

김수연 · 김덕성, 「부부의 응집 및 적응과 의사소통의 관계; 순환 모델의 곡선성 대 선형성」, 『한국가정관리학회지』 제11집 2호, 30-39, 1993.

김순옥 · 류경희, 「남편의 권위주의적 의사소통에 대한 부부간의 인지분석」, 『한국가정관리 학회지』 제14집 1호, 21-33, 1996.

김연 · 유영주, 「기혼 남녀의 성관계만족도에 관한 연구」, 『한국가족관계학회』 제7집 1호, 1-18, 2002.

김영기 · 한성열 · 한민, 「부부 의사소통 유형과 부부 성만족도의 관계」, 『한국사회문제심리학 회지』 제17집 2호, 199-218, 2011.

김예숙, 『외도: 결혼제도의 그림자인가』, 형성사, 1995.

김현주, 「우리의 결혼; 성과 사랑은 자율적인가?」, 한남제 외, 『한국 가족관계의 문제』, 가족문화총서 2, 35-54, 다산출판사, 1994.

남영주 · 옥선화 · 김지애, 「삼, 사십대 기혼 남녀의 성적 의사소통과 결혼의 질」, 『대한가정학 회지』 제44집 2호, 113-126, 2006.

문숙재 · 최혜경 · 정순희, 『현대사회와 가정』, 교문사, 2001.

박금순 편저, 『변화되어 가는 부부 관계』, 한국부인회 총본부, 1983.
서동진, 『누가 성정치학을 두려워하랴』, 문예마당, 1996.
서선영 · 최혜경, 「한국 기혼남녀의 부부간 사랑과 성생활 유형에 대한 연구」, 『한국가족관계학회지』 제9집 3호, 181-200, 2004.
서수경 · 이정덕, 「부부간 의사소통 유형과 자존감 및 인구사회학적 변인 간의 상관성에 관한 연구: 서울시를 중심으로」, 『대한가정학회지』 제29집 2호, 199-215, 1991.
여성한국사회연구회 편, 『한국가족의 부부 관계』, 사회문화연구소, 1992.
연규월 · 이근후, 「부부간 성적 갈등에 영향을 미치는 요인에 관한 연구」, 『이화의대지』, 제44집, 89-104, 1988.
이근후, 『가족해체와 부부간 성윤리』, 아산사회복지사업재단 학술대회 자료집, 1999.
이동원 · 함인희, 「가족사회학 연구 50년의 성과와 반성」, 『가족과 문화』 창간호, 1-57, 1996.
이동원 · 함인희 · 김선영, 『한국가족의 현주소』, 학지사, 2002.
이동원 외, 『변화하는 사회, 다양한 가족』, 양서원, 2001.
이영자, 「성과 사랑」, 한국여성연구회 편, 『여성학강의』, 동녘, 1991.
이정순 · 박성연, 「부부간 커뮤니케이션 유형에 관한 연구」, 『대한가정학회지』 제29집 3호, 175-190, 1991.
장필화, 「결혼제도와 성」, 『한국여성학』 제13권 2호, 41-76, 1997.
조주현, 「낭만적인 사랑과 결혼이라는 이데올로기」, 현실문화연구회 편, 『결혼이라는 이데올로기』, 현실문화연구회, 1993.
조혜정, 「결혼 사랑 그리고 성: 우리 시대의 문화적 각본들」, 또 하나의 문화 동인 편, 『새로 쓰는 사랑 이야기』, 1991.
천혜정, 「연령에 따른 기혼남녀의 성 의사소통 및 성 만족도의 차이와 결혼행

복도에 미치는 영향」, 『한국가족관계학회지』 제11집 3호, 283-299, 2006.
함인희, 「노인의 성과 사랑」, 한국사회학회 편, 『고령사회와 효 가족문화』, 인간사랑, 2008.
앤소니 기든스, 『현대인의 성, 사랑, 에로티시즘: 친밀성의 변동구조』, 배은경 외 옮김, 새물결, 1996.
배리 쏘온 외, 『페미니즘 가족론』, 권오주 외 옮김, 한울 아카데미, 1990.
제프리 윅스, 『섹슈얼리티 성의 정치』, 서동진 외 옮김, 현실문화연구, 1997.

Bernard, Jessie, *The Future of Marriage*, New Haven: Yale University Press, 1982.
Collins, Randall, *Sociology of Marriage & the Family: Gender, Love and Property*, 5th ed. Wadworth/Thomson Learning, 2001.
Coontz, Stephanie, *Marriage, a History: How Love Conquered Marriage*, Penguine Books, 2005.
Faludi, Susan, *Backlash: the undeclared war against American women*, New York: Crown, 1991.
Goffman, Erving, *The Presentation of Self in Everyday Life*, Hamondsworth: Penguin, 1969.
Hite, Shere, *Women as Revolutionary agents of Change: The Hite Reports and Beyond*, Wisconsin University Press, 1993.
______, *The Hite Report on the Family: Growing Up Under Patriarchy*, New York: Grove Press, 1994.
Hockey, Jenny & Allison James, *Social Identities across the Life Course*, New York: Palgrave Macmillan, 2003.
Lawson, Annette, *Adultery: An Analysis of Love and Betrayal*, London: Oxford University Press, 1990.

Piorkowski, Geraldine, "Back Off", *Annual Editions: Marriage and Family 2000-2001*, New York: McGraw Hill, 2001.

Robert, Michael, *Sex in America: A Definitive Survey*, Boston: Little Brown, 1994.

Rubin, Lillian, *Worlds of Pain*, New York: Basic Books, 1976.

______, *Families on the Fault Line*, Harper, Collins Publishers, 1994.

Ryan, Christopher & Cacilda Jetha, *Sex at Dawn: How We Mate, Why We Stray, and What It Means for Modern Relationships*, New York: Harper Perennial, 2010.

Skolnick, A. & J. Skolnick ed., *Family in Transition*, New York: Longman, 1971.

______, *Family in Transition*, 9th ed. New York: Longman, 1997.

Thio, Alex, "Sexual Behavior", in *Sociology*, New York: Longman, 1998.

위험 보도의 위기 구축 기제 프레임 분석*

– 식품 안전 보도를 중심으로 –

박성희

Ⅰ. 머리말

매일 먹는 음식이 어느 날 갑자기 유해한 물질이라는 보도는 '일상 밖의 사건'과 달리 '일상 속의 독(毒)'을 전달한다는 점에서 충격적이다. 식탁을 위협하는 소식은 예외 없는 '나와 가족의 일'이며 건강과 생명에 직결되는 문제이기 때문이다. 뉴스를 접한 소비자가 식품 안전이 위협받는 상황의 위험성을 감지하고 민감하게 반응하는 것은 당연하다. 그러나 소비자의 위험 지각이 위기의 현실 구축으로 이어지는 데에는 언론의 역할이 적지 않게 작용한다. 이 글은 뉴스의 사회구성주의의 관점에서 식품 안전 보도를 둘러싼 언론의 위기 구축 과정을 분석하고 해석하는 데에 목적을 둔다.

한국보건사회연구원과 식품의약품안전청(이하 식약청)이 2004년 11월 발간한 연구 보고서에 따르면, 식품 사고에 대한 인지도가 식품 안전

---

* 이 논문은 『한국언론정보학보』 제35권(2006년)에 게재되었음.

체감지수로 이어지고, 체감의 정도가 다시 향후 섭취에 대한 행동 유형에 영향을 미치는 것으로 나타났다. 식품 사고에 대한 인지는 대개 언론의 보도를 통해 이루어진다. 이 연구는 한국보건사회연구원과 식약청이 산출한 식품 안전 체감지수(Food Safety Sentiment Index: FSSI)를 토대로 하여, 그 근원에 자리한 언론 보도의 현저성과 프레임 분석을 통해 초기 인지 단계에서 행동 유형의 변화에 이르는 논리적인 연결 고리를 규명해 보고자 한다.

위의 연구보고서에 따르면, 식품 사고는 소비자의 인식 속에 오랫동안 각인되어 해당 식품의 섭취 행태에 상당한 영향을 주는 것으로 나타났다. 전국의 성인 남녀 283명을 대상으로 한 「식품 안전관리에 관한 국민의 인지도 및 그 체감도에 따른 행동 유형에 관한 연구」에서 인지도가 가장 높은 식품 사고는 2004년의 '만두 파동'으로, 응답자의 87.6%가 기억하고 있었다. 납이 들어간 꽃게, 볼트가 들어간 수입 생선에 대한 인지도가 83.1%로 그 다음으로 높았고, 2002년 이물질이 들어간 학교 급식(80.6%), 2002년의 불량 고춧가루(78.3%), 2004년 폐드럼통에 담은 젓갈(68.8%)이 그 뒤를 이었다. 15년 전 사건인 1990년의 공업용 우지라면 파동을 기억하는 응답자도 68%나 되었고, 1995년 발생한 소위 '고름우유' 사건에 대해서도 51.9%가 기억하고 있었다. 대상으로 선정된 식품 사고의 평균 인지율은 64%로 나타났다. 식품 사고별로 국민이 체감하는 위험의 정도는 식품 사고의 크기, 시점, 섭취 빈도라는 조건에 언론의 보도 태도와 강도가 합쳐진 결과이다.

식품에 대한 나쁜 기억들은 해당 식품의 소비 행태에도 영향을 끼치는 것으로 나타났다. 상기 연구보고서에 따르면 만두 파동 사건을 기점으로 만두를 많이 먹는다는 응답자의 비율이 56%에서 28.5%로 절반 정도 줄어들었고, 포르말린 코팅 번데기, 골뱅이 통조림 사건 이후 섭취 빈도가 30.8%에서 15.7%로 역시 절반 정도 떨어졌다. 공업용 우지라면의 섭취 빈도는 50.8%에서 25.0%로 뚝 떨어졌다. 응답자의 위기 의식이 행동으로 반영된 결과이다.

그 결과 소비자들이 느끼는 우리나라 식품 안전 체감지수가 100점 만점에 25.3점에 불과하다. 식품별로 가장 안전하다고 느낀 식품은 김치(50.4점), 과일(45.6점), 고추장 등 장류(45점), 요구르트 등 발효식품(39.3)의 순으로 나타났으나, 가장 안전한 점수를 받은 김치 역시 연구보고서 발간 이후에 발생한 기생충알 검출 사건으로 안전성이 의심받는 상황이다. 반면 가장 안전하지 않다고 느낀 식품은 건강기능 음료(9.8점), 오리고기(12.5점), 선식 등 곡류 가공식품(18.4점) 등이었다.

변화하는 소비 행태와 함께 이런 불안감 역시 연이은 뉴스 보도가 구축한 현실의 반영, 혹은 구축된 현실의 효과로 보아야 할 것이다. 위험한 식품이라면 당연히 사실 보도를 통해 공중이 건강을 지키도록 하는 것이 언론의 사명이다. 그럼에도 불구하고 그간의 언론 보도는 특정 식품의 문제를 식생활 전반으로, 소수 비양심적인 업자들의 문제를 업계 전체의 것으로 보도해 실제보다 더 크게 위험을 확산시키고 증폭시켜온 것이 아닌가 의심된다. 또한 문제를 총체적으로 조명하고 해설하기보다는 흥미 위주의 단편적인 사건을 일단 빨리 전해 긴박감을 더함으로써 충격을 증폭시키고, 그에 따르는 이해 당사자들의 공방에 초점을 맞춤으로써 소비자들의 판단을 오히려 흐리게 한 측면이 있다. 이는 의도된 오류라기보다는 해당 관청이나 소비자단체의 발표를 단선적으로 따를 수밖에 없는 출입처 제도의 한계나 중립적인 언어 사용의 미숙, 화합보다는 갈등을 선호하는 기사 가치 등에 기인한다고 할 것이다.

언론이 구축한 위기가 소비자들에게 전달되며 일으키는 효과는 지대하다. 문제가 된 식품에 대한 불매와 대체 안전식품의 품귀 현상, 소비자의 집단 패닉 현상은 관련 업계의 위축 내지 파산 등 경제 산업적인 여파로 이어지고, 식생활 행태를 변화시키는 등 적지 않은 파장을 가져온다. 일상의 건강함을 배반하는 그런 소식들은 단순히 문제 업체를 퇴출시키거나 식생활을 변화시키는 데 그치지 않는다. 당국의 허술함, 정부 정책에 대한 불신, 선의에 대한 배반, 유통 구조의 안전망에 대한 회의 등 사회 전반에 대한 회의와 불신을 키우는 데 일조한다. 소비자를 고려한 정확하고 사려 깊은 식품 안전 보도가 중요한 이유이기도 하다.

소비자가 인지하는 위험의 정도는 그 근원에 자리한 언론 보도에 대한 이해의 정도와 불가분의 관계라고 할 때, 미디어의 현실 구축 기제를 이해하는 것은 사회 교육의 측면에서도 매우 중요하다고 할 것이다. 이 글은 이와 같은 문제 의식을 바탕으로 1989년 우지라면 파동을 다룬 기사에서부터 2005년 기생충 알이 검출된 김치 사건 보도에 이르기까지 11개 식품 안전 보도를 분석, 독자들의 인식을 형성하고 동시에 소비자들의 특정 행동을 유발하는 요인으로 작용한 언론의 보도 행태를 프레임 분석을 통해 규명해 보도록 한다.

Ⅱ. 이론적 논의

1. 뉴스 프레임

언론을 창(窓)에 비유할 때, 창틀(프레임)은 그 창이 비추는 현실을 구성한다. 이 같은 인식에서 출발한 프레임 이론은 미디어 효과 이론 발달 과정의 네 번째 단계(Scheufele, 1999)에 속하는 사회구성주의 논의의 한 지류이다. 프레임 연구는 상호작용의 맥락을 강조하는 사회학적 및 언어사회학적 연구, 뉴스 텍스트의 구성 방식에 초점을 맞추는 내용 분석 중심의 연구, 사회운동론적 관점의 연구, 예상 이론에 기반을 둔 심리학적 연구, 그리고 커뮤니케이션 효과론적 관점의 연구 등 다양한 이론적 배경을 바탕으로 발전해 왔다(이준웅, 2001).

프레임 이론은 엔트만(R. M. Entman)이 '분산적인 개념화'(Entman, 1993: 51)라고 부르거나, 아이엔거와 킨더(Iyengar & Kinder, 1987)가 의제 설정과 점화 효과(프라이밍)의 복합 개념으로 설명하고, 맥콤스 · 쇼 · 위버(McCombs, Shaw, & Weaver, 1997)가 의제 설정 개념의 연장이라고 규정하는 등 개념상의 유연성과 모호함을 노정시켜 왔다. 이 같은 개념상의 혼선은 커뮤니케이션학계 내 학문적 지형 속에서 유입되어 서로 다르게 규정되어 활용되어 오면서 빚어진 것이다. 즉, 미디어 메시지가 수용자의 현실 인식에 미치는 효과 규명에 주목하는 양적 방법론자와 메시지 자체의 담론적 특징이나 생성 과정에 초점을 둔 질적 방법론자 사이의 철학적 입장 차이에 따라 미디어 프레임이 구체적인 진술인지, 아니면 내러티브 구성 방식이나 프레임 기제인지 학자마다 다르게 나타난 결과에 따른 것이다. 그러나 이러한 개념상의 유연성은 동시에 강점으로 작용해 미디어가 현실을 구성하는 방식을 이해하고 분석하는 틀로서 유용하고 다양하게 접근되어 왔다(송용희, 2005).

어젠다 세팅 이론에서 한 단계 확장된 2차 어젠다 세팅 이론(second level agenda setting theory)은 대상이나 이슈의 의미를 구성하는 속성들의 현저성에 주목한다. 매스 미디어가 구성하는 속성 현저성은 공중으로 전이되어 특정 대상이나 이슈를 해석하는 공중의 관점과 판단 기준을 형성하는 데 영향을 미친다는 점에서 프레임 이론과 논리적인 접점을 형성한다. 공중이 언론으로부터 지각하고 인지하는 것은 언론이 사회적 현실의 의미를 구성하는 방식인 대상과 속성들의 현저성에서 비롯된다. 언론은 현저성의 전이를 통해 공중 의제를 설정할 수 있으며, 여론 형성과 변화에 영향을 미칠 수 있는 것이다.

뉴스 프레임 연구 중 뉴스 내용의 구성 방식의 특성과 가치 체계 분석에 초점을 맞춘 기틀린(T. Gitlin)은 프레임이란 "현실에 대한 인식, 해석, 제시, 선택, 강조, 배제와 관련된 지속적인 패턴이며, 이 패턴에 따라 상징 조작자가 일상적으로 언어적 또는 영상적 담론을 조직하는 것" (Gitlin, 1980: 7)이라고 보았다. 갬슨 등(Gamson, 1988; Gamson & Lasch, 1983; Gamson & Mogdigliani, 1989)은 구성주의의 관점에서 프레임이란 뉴스 스토리가 구성되는 방식이라고 규정했는데, 프레임 연구 중 이러한 텍스트 분석적 뉴스 프레임 연구가 다수를 차지한다. 터크만 (Tuchman, 1978; 박홍수 옮김, 1995) 역시 유사한 관점에서 뉴스는 단순한 사실의 집합이나 사회상을 거울처럼 비추는 반영이 아닌 '구성된 현실'이라고 강조하고, 언론에서 사용하는 프레임을 사건 자체의 프레임, 사건을 선택하고 기사화하는 네트워크 프레임, 그 기사를 받아들이는 독자들의 인식을 염두에 둔 공적인 프레임 등 세 가지로 나누었다. 엔트만(Entman, 1993)은 프레임을 핵심어, 문구, 스테레오타입화된 이미지, 정보원(情報源), 사실이나 판단을 체계적으로 강화해 주는 문장 등이 존재하거나 부재함으로 인해 지각된 현실의 형상을 선택한다고 보았다.

아이엔거(Iyengar, 1991)는 뉴스 프레임이 수용자의 인식과 행동에 영향을 미친다는 프레임 효과론의 관점에서 다양한 연구를 진행시켜 주제적 프레임(a thematic frame)과 일화적 프레임(an episodic frame)이라는 개념으로 발전시켰다. 그 후 뉴스 프레이밍 연구는 뉴스 수용자의 인지 과정에 영향을 미친다는 점에 초점을 맞추기 시작했는데, 뉴스 프레임이 뉴스 수용자의 뉴스에 대한 해석에 영향을 미친다는 리 등(Rhee, 1997; Shah, Domke, & Wackman, 1997)의 연구와 수용자의 태도와 의견에 영향을 미친다는 프라이스 외(Price, Tewksbury, & Powers, 1997)의 연구, 또 수용자의 기억에 영향을 미친다는 발켄버그 외(Valkenburg, Semerko, & DeVreese, 1999)의 연구가 이에 속한다. 세메트코와 발켄버그는 또 다른 연구(Semetko & Valkenburg, 2000)에서 프레임이 크게 책임 소재(attribution of responsibility), 갈등(conflict), 인간적 측면의 부각(human interest), 경제적 결과(economic consequences), 도덕성(morality)의 다섯 가지 범주로 분류 가능하다는 분석 결과를 내놓았다. 이 같은 분류는 단일 사안의 사회적 의미를 도출하는 데 효용을 거둘 수 있는 것으로 평가받고 있다(김용호 · 김용순 · 한정택, 2004).

뉴스 프레임과 관련된 국내 연구로는 갈등적 이슈에 대한 뉴스 프레임 구성 방식이 의견 형성에 미치는 영향을 연구한 이준웅(2001)의 연구가 있고, 역시 갈등 상황에서 행위 유발 사건의 배경, 원인, 결과를 포괄적으로 강조한 김선남(2002)의 연구와 사건의 책임 소재에 대한 비판이나 주체 간의 관계에 집중한 양정혜(2001), 박경숙(2002) 등의 연구가 있으며, 상황의 극단성과 부정성에 초점을 둔 나미수(2004), 김원용 · 이동훈(2004)의 연구가 있다. 메타 연구로서 언론 보도의 프레임 유형화를 연구한 김원용 · 이동훈(2005)의 연구는 원자력 관련 신문 보도를 중심으로 기존의 프레임 연구를 종합해 정황, 귀인, 배경, 가치 프레임 등 네 개의 프레임으로 정리하고 있다. 김영호 · 김용순 · 한정택(2004)은 한미관계에 대한 조선일보, MBC, 뉴욕타임스(*New York Times*) 보도에 대한 프레임 분석을 실시, 한국의 경우 일화 중심적 프레임과 주제 중심적 프레임 간의 대립이 아니라 안보 중심적 프레임인가 반미 프레임인가 등 주제 중심적 프레임 내에서의 충돌이라는 흥미로운 사실을 밝혀냈다.

이 연구는 미디어 프레임을 독립변인으로 접근하는 방식을 택하고자 한다. 언론이 위험을 구축하는 방식, 그리고 그렇게 구성된 현실이 수용자에게 어떤 효과를 갖는지에 초점을 맞춘 이 연구의 취지에 가장 적합한 접근법이기 때문이다. 프레이밍을 미디어 효과라는 측면에서 검토하는 데 매우 유용한 것으로 평가되는(Scheufele, 110) 이 같은 접근 방법을 시도한 연구로는 미국 캔자스 주 위치타에서 열린 반낙태 시위 보도를 분석한 팬(Z. Pan)과 코시키(G. M. Kosicki)의 1993년 연구와 KAL 격추사건과 이란 항공기 추락 사건을 다룬 엔트만(R. M. Entman)의 1993년 연구, 아니타 힐과 클라란스 토머스 공방을 보도한 미디어 프레임이 수용자 프레임에 미치는 영향을 연구한 후앙(K. S. Huang)의 1996년 연구가 있다. 팬과 코시키는 미디어 프레임에 영향을 주는 구조적인 요소로 1) 문장이나 어구, 단어의 배열, 2) 사건의 뉴스 가치 판단, 3) 주제적 구조, 4) 수사적 구조 등 네 가지를 밝혀냈다. 엔트만은 미디어가 사용하는 다섯 가지 준거 프레임으로 1) 중요도 판단, 2) 행위의 주체, 3) 피해자 적시, 4) 사건의 범주화, 5) 국가적 차원으로서의 일반화 등을 지적해 냈다. 후앙은 프레임을 거시적 · 미시적 차원에서 각각 측정하고 인터뷰를 통해 얻은 수용자들의 답변과의 상호 연관을 밝혔다. 후앙의 연구 결과는 뉴만 외(Neuman et al., 1992)의 연구 결과와도 부합하는 것으로 미디어가 매우 다른 우선순위로 이슈들을 다룬다는 것을 재확인했다.

2. 언론의 위험 보도와 위기 구축의 커뮤니케이션

엄밀히 말하면 식품은 위험물이 아니다. 그러나 식품 위생 안전이 심대하게 위협받고 있다는 소식은 소비자들에게 상당한 위험으로 소구한다. 언론이 전하는 정보로 인해 일상의 필수품이 피해야 하는 유해물질로 탈바꿈하고, 그로 인해 소비자는 스스로 처한 환경이 오염되었다는 것과 유사한 효과의 위험을 감지한다. 수질오염이나 대기오염 등 환경

오염, 전쟁과 재난, 자연 재해 등을 주요 영역으로 하는 위험 보도 관련 개념과 이론을 식품 보도에도 적용할 수 있는 이유이다. 실제로 환경 호르몬인 다이옥신 파문이 유럽 대륙을 휩쓸었을 때 벨기에 언론들은 당시 사태를 "새로운 체르노빌"(조선일보, 1999년 6월 7일)이라 부르기도 했다.

대체로 식품 안전 보도는 상대적으로 식품의 안전이 제도적으로 보장되지 않거나 관리가 소홀한 사회의 특수성에서 기인하는 위험 보도의 한 유형의 개념화가 가능하다. 이정춘이 우리 사회를 "선진국형과 후진국형이 어우러진 한국형 재해"와 사고가 동시적으로 발생하는 "복합적 위험 사회"(이정춘, 1996: 63)로 규정한 것은 이러한 상황의 인식에서 비롯되었다고 할 것이다.

'위험(risk)'의 개념은 '위기(crisis)'와 구분된다. 위험은 때로는 '위해(危害)'라는 단어와 동의어로 사용되며, "유해 물질의 특정 농도나 용량에 노출된 개인이나 집단에 유해한 결과가 발생할 확률(probability) 또는 가능성(likelihood)"으로 정의된다(NAS, 1983). 확률 또는 가능성이라는 말에서 볼 수 있듯, 위험이란 아직 구체적인 피해가 나타나기 이전의 상황을 가리킨다. 위험이란 최근 서구 사회에서 활발하게 논의되는 위험 사회(risk society)와도 연관된 개념으로, 사회학자인 벡(Beck, 1986)은 전통적인 산업 사회에서 '위험 사회'로의 전환을 강조했고, 와인가르트(Weingart, 1983)는 '사회의 과학화'와 '과학의 정치화' 경향을 현대 산업 사회의 특징으로 보았다. 페로(Perrow, 1984)는 서구 사회에서 수백 년 간 지속된 산업화와 경제 성장으로 얻어진 부(富)와 풍요의 이면에는 사고와 재해가 일상화되는 경향이 있고, 원자력 관련 사고, 수질, 대기, 토양의 오염, 교통 사고, 산업 재해 등이 일정한 확률을 갖고 발생한다고 강조했다. '위험 커뮤니케이션'과 유사한 학술적인 용어로 '환경 커뮤니케이션', '과학 커뮤니케이션', '모험 커뮤니케이션'이 사용되는 배경이기도 하다.

'위험' 혹은 '위해'란 안전(safety)과 상반되는 개념으로 자발적(voluntary) 또는 비자발적(involuntary)인 것으로 분류할 수 있는데, 자발적 위험이란 흡연처럼 개인이나 사회의 어떤 활동이 위해(危害)를 갖고 있다는 사실을 이미 알고 받아들이는 위해인 반면, 수질오염이나 대기오염과 같이 개인이 통제할 수 없는 상황에서 어쩔 수 없이 받아들여야 하는 위해가 비자발적 위해이다. 비자발적 위해는 일차적으로 사회나 국가 관리 하에서 조절되어야 하고, 국민의 위해에 관한 체감도가 자발적 위해보다 더 크기 때문에 비자발적 위해를 최소화하기 위한 노력은 매우 중요하다고 하겠다. 식품 사고는 대표적인 비자발적 위해로서, 국민들의 식품 안전에 관한 체감 정도는 다른 분야의 체감도보다 훨씬 민감하다(한국보건사회연구원 연구보고서, 2004).

'위험'이 아직 피해가 나타나지 않은 상황을 말하는 반면, '위기'란 그 위험이 가시화되면서 사회구성원들이 인지한 경우의 상황을 일컫는다. 위험은 다시 전산업 사회의 '전통적인 위험'(명예 상실, 자격 상실 등)과 '생활 위험'(전염병, 사고, 자연 재해, 전쟁), 그리고 '사회적인 위험'(오존 구멍, 숲의 파괴, 공기와 물의 오염, 식료품의 중독성, 전염병, 인구 과잉) 등이 있다. 다만 현대 사회의 위험은 더 이상 집단의 가치 체계에 의해 보상되기 어려운 소위 '사회적 무책임성'에 의해 자연 재해와 동일한 성향으로 확대시켰고, 다른 한편으로는 대부분의 위험이 사회적인 행위의 산물이므로 발전 당위성에 대한 논리적인 토대에 의문을 제기하게 되었다(이정춘, 1996: 71). 위험 상황을 위기의 현실로 구축하는 데 언론의 역할을 빼놓을 수 없다. 위험 보도(risk reporting)란 상기한 내용의 사건과 사고, 상황 등을 전하는 언론의 행위라고 할 수 있다.

위험 보도와 관련된 연구를 한 학자로는 기자들이 이해 관계의 양 극단에 있는 취재원의 인용구를 땀으로써 사건을 선정화시키는 경향이 있다고 주장한 윌리스와 오커네이드(Willis & Okunade, 1997), '공포(fear)'라는 단어의 사용과 경향을 추적함으로써 뉴스가 위기 상황을 구축해 가는 현상을 밝힌 알사이드(Altheid, 2002), 커뮤니티 뉴스레터에 실린 HIV 방지 기사가 위험 관련 태도와 행동에 미치는 영향을 측정한 맥알리스터 외(McAlister et al., 2000), 에이즈(AIDS)에 대한 태도와 위험 보도에 대한 주의력이 부적(負的)인 관계를 형성한다고 밝힌 켄나머와 혼놀드(Kennamer & Honnold, 1995) 등이 있다. 위험 보도와 관련된 국내 연구는 그다지 많지 않은 편으로 IMF 관련 언론 메시지를 상징 네트워크 분석 방법을 통해 분석한 장하용(2000)의 연구와 위험 보도에 대한 다양한 쟁점을 이론적으로 접근한 이정춘(1996)의 연구가 있다. 언론의 위기 구성 방식이 그 매체의 이데올로기와 관계가 있다는 김혜순(1995)의 연구는 언론이 위험을 보도하는 것뿐 아니라 '위기'를 규정하고 구축하는 현상을 소명하고 있다.

피터스(B. Guy Peters)는 언론의 위험 보도와 관련, 전문가의 관점과 일반 공중의 시각 사이의 매개 문제와 '기득권층' 전문가들과 이들과 다른 '반대 의견의' 전문가들 사이에서 나타나는 인식상의 대립을 매개하는 문제가 늘 대두된다고 보았다. 이에 대해 언론 보도는 1) 전문가의 관점과 일반 대중의 효용성 사이에 존재하는 갈등을 규명하고, 2) 사회적인 조화를 도모하며, 3) 인명 불가침의 원칙을 보도의 근간으로 삼고, 4) 위험 효용성에 대한 사회적인 평가는 기술공학적인 계량주의에서가 아니라 다원적 민주주의의 정치적인 과정에서 결정되어야 한다고 제언했다. 더 나아가 전문가들 사이의 대립이 대중들이 위험에 대해 올바른 수용을 하는 데에 장애가 된다고 경고했다(Peters, 1991).

위험 보도에서 전문가의 존재는 커뮤니케이션 모델에서도 독특한 특성으로 나타나는데, 위험 커뮤니케이션을 연구하는 학자들은 이를 증폭 모델(Social Ampification of Risk Framework: SARF)로 설명한다. 가장 단순한 증폭 모델을 제시한 렌(Renn, 1991)은 이 모델의 구성 인자로 정보원(과학자, 기관, 이익집단, 목격자), 전달자(미디어, 이익집단, 오피니언 리더), 수신자(대중)를 제시하며, 위험 사안이 발생해 수용자에게 전달되는 과정에서 해당 행위자들의 이해 관계나 요구 사항이 발생해 영향력을 행사하는 것으로 설명하고 있다. 이해 비해 슬로비치(Slovic, 1987)의 증폭 모델은 다소 복잡한 형태를 띠고 있다. 그는 사건, 사건의 특성, 특별한 정보의 해독, 영향력의 전파, 영향력의 형태를 구성 요소로 하는 모델을 통해 특정 위험 사안이나 사건이 존재하면 우선 대상 사안에 대한 특성들은 미디어 보도로 이어지며, 이 때 미디어의 강도 높은 보도가 사람들의 위험 인지도를 강화시키는 역할을 한다고 설명하고 있다.

'위기'는 또한 언론 보도의 영역에 국한되지 않고 주로 사회구성원이 인식하고 있는 상황의 개선에 초점을 둔 공중관계학(PR)으로 확대되어 개념이 정립되어 왔다. '위기 커뮤니케이션(crisis communication)'이란 따라서 PR전략의 하나로 인식된다. 『위기 커뮤니케이션』(1992)이라는 제목의 저서를 집필한 펀 뱅크스(K. Fearn-Banks)는 위기 커뮤니케이션 플랜의 장에서 구체적으로 PR 실무자들이 위기 상황을 완화시키기 위해 미디어, 정부, 소비자와 어떠한 전략을 구축해야 하는지 구체적인 지침을 제시하고 있다. 국내에서는 위기를 수용자 입장에서 본 연구로 김영욱 · 박소훈 · 차희원(2004)이 한국인의 집단주의 성향과 귀인 성향이 위기를 수용하려는 경향을 높인다는 결과의 논문을 발표했다.

이 연구는 앞서 밝혔듯이 언론의 식품 안전 보도를 '위험 보도'로 간주하고, 언론이 위험한 상황을 보도하며, 특정 프레임을 통해 위기를 구축해 가는 사회적 현실 구성의 양상을 추적할 것이다.

Ⅲ. 연구 문제와 가설

1. 식품 안전 보도의 프레임 장치 및 행위자 현저성

이 연구는 문제가 된 식품의 위험성을 보도하는 언론이 어떤 미디어 프레임을 통해 위험을 전이시키는지에 초점을 맞추고, 언론의 위기 구축 프레임을 추출하고자 한다. 이를 위해 각종 행위의 주체가 되는 식품 업체와 정부, 소비자 등을 삼각 구도 속에서 문제의 원인이 되는 식품의 종류와 발원지, 그로 인한 피해 혹은 위험의 범위가 각각 어떤 프레임 장치와 관련이 되어 있는지 알아본다. 이는 앞서 언급한 팬과 코시키의 구조적 요소로서의 문장이나 어구 단어의 배열, 주제의 선정, 엔트만의 행위의 주체 준거 프레임에 주목한 것이다. 그렇게 함으로써 식품 업체와 소비자, 식품업체와 정부, 정부와 소비자 간 관계의 속성을 규명할 수 있을 것이나. 그 둘 사이에 존재하거나 부재하는 특정 내용의 언급이나 강조, 축소, 배제 등을 통해 현실의 특정 측면을 현저하게 드러내 보이는 현실의 재구성 과정을 추적한다. 미디어 프레임을 독립변인으로 하는 연구는 언론 보도 프레임이 구축되고 현실을 구성해 가는 과정에 초점을 맞춘다(Scheufele, 1999). 식품 안전 보도를 위험 보도로 접근하고 언론의 보도 프레임을 추출해 위기 구축 방식을 살펴보는데 초점을 맞춘 이 연구는 따라서 위험 보도와 위기 구축에 각각 주목한 다음의 연구 문제를 설정한다.

연구 문제 1. 언론은 식품 사고를 사회적 현실로 구축하기 위해 어떠한 프레임 장치를 사용하는가.

가설 1-1. 헤드라인과 본문에서의 용어의 사용, 보도 주제의 선택에서 특정한 현저성을 보일 것이다.

가설 1-2. 사건을 구성하는 각 행위의 주체들의 행위에서 특정한 현저성을 보일 것이다.

2. 언론의 위기 구축

'위험'이 아직 피해가 나타나지 않은 상황을 말하는 반면, '위기'란 그 위험이 가시화되면서 사회구성원들이 인지한 이후의 상황을 말한다. 식품 사고 보도에 대한 인지가 해당 식품의 섭취 빈도에 영향을 미쳤다는 연구 결과(한국보건사회연구원 연구보고서, 2004)는 실제 위험이 공중의 인식에 각인되면서 특정한 행위로 이어졌음을 시사한다. 두 번째 연구 문제는 인지와 행위 사이의 논리적인 연결고리로서 단순히 위험을 보도하는 데 그치지 않고 위기의 현실로 구축해 가는 언론의 과정에 초점을 맞추고 있다. 프레임 장치들 간의 공통점과 현저성을 묶어 수용자의 현실 인식에 영향을 주는 해석적 틀이 무엇인지 알아보는 것이 목적이다. 상기했듯 기존 연구들은 기자들이 이해 관계의 양 극단에 있는 취재원의 인용구를 땀으로써 사건을 선정화시키는 경향이 있다거나(Willis & Okunade, 1997), 전문가의 관점과 일반 공중의 시각 사이의 매개 문제와 '기득권층' 전문가들과 이들과 다른 '반대 의견의' 전문가들 사이에서 나타나는 인식상의 대립을 매개하는 문제가 늘 대두된다는 식으로 틀의 존재를 지적하고 있다. 엔트만의 피해자 적시 준거 프레임은 피해자와 가해자의 구분법을 통한 프레임 구축의 양상을 추적하게 도와 줄 것이다. 이와 연관시켜 두 번째 연구 문제를 다음과 같이 설정한다.

연구 문제 2. 도출된 미디어 프레임 장치들은 어떤 상호 관계를 통해 수용자들의 현실 구성에 영향을 주는 위기 의식을 구축하는가?

가설 2-1. 피해자와 가해자라는 이중 구조를 통해 위기 의식을 구축할 것이다.

가설 2-2. 전문가 취재원보다 양 극단 취재원의 부각이 두드러질 것이다.

Ⅳ. 연구 대상의 선정 및 연구 방법

1. 연구 대상의 선정

연구자는 한국보건사회연구원의 식품안전지수(FSSI)를 참고해 공중의

〈표 1〉 식품 사고 인지율 순위와 사고 전후의 섭취율 변화 추이 (단위: %)

순위	식품 사고	발생 연도	사고 인지율	사고 전 섭취율	사고 후 섭취율
1	불량 만두소	2004	87.6	56.0	28.5
2	납꽃게, 볼트가 들어간 수입 생선	2000	83.1	25.2	19.0
3	불량 고춧가루	2002	78.3	49.2	31.9
4	폐드럼통에 보관된 젓갈	2004	68.8	33.1	23.1
5	공업용 우지로 튀긴 라면	1990	68.0	50.8	25.0
6	바퀴벌레가 들어간 피자	2004	60.8	32.0	28.9
7	고름우유	1995	51.9	26.7	20.8
8	포르말린 코팅 번데기와 골뱅이 통조림	1998	51.6	30.8	15.7
9	이물질이 들어간 빵	2004	49.2	32.8	32.2
10	이물질이 들어간 호빵	2002	32.0	32.2	

출처 : 한국보건사회연구원, 「식품안전관리에 관한 국민의 인지도 및 그 체감도에 따른 행동 유형에 관한 연구 보고서」, 72–75쪽에서 재구성.

인지가 비교적 높은 식품 안전사고 중 식품 사고 후 식품 섭취 빈도가 떨어진 10건의 사건과, 인덱스 개발 이후 발생한 대표적 식품 사고로서 대중의 인지도가 높은 기생충 알 김치 사고 등 모두 11건의 식품 사고를 연구 대상으로 선정했다. 각 식품 사고별 인지율과 사고 전·후의 섭취율은 〈표 1〉과 같다.

각각의 사고를 한국언론재단 뉴스 전문 검색 시스템인 KINDS에서 문제가 된 해당 식품을 키워드로 검색, 구체적인 사례 수를 파악했다. 분석에 사용된 기사는 사건의 진행과 의견을 포함하도록 발생 기사와 해설 논평이 고루 포함되도록 했다. 각 사고별 KINDS 검색 결과 건수와 분석 대상 기사의 건수는 〈표 2〉와 같다.

〈표 2〉 연구 대상 11개 식품 사건별 키워드 검색 KINDS 기사 건수와 분석 대상 기사 건수

발생 연도	식품 사고	키워드 검색 KINDS 기사 건수	분석 대상 기사 건수 (괄호 안은 실제 코딩에 사용된 기사 건수)
2005	기생충 알 김치	221	35(12)
2004	불량 만두소	120	20(10)
2004	폐드럼통 젓갈	99	10(5)
2004	바퀴벌레 피자	29	4(4)
2004	이물질이 들어간 호빵	9	1(1)
2002	불량 고춧가루	46	5(3)
2002	이물질이 들어간 빵	10	3(3)
2000	납꽃게, 볼트가 들어간 수입 생선	32	6(4)
1998	포르말린 번데기와 골뱅이 통조림	107	15(7)
1995	고름우유	280	30(8)
1990	공업용 우지라면	123	15(10)
계		1,046	134(67)

2. 연구 방법

이 연구는 언론이 위험 식품 보도의 관련 당사자, 즉 문제가 된 음식의 발원지로서의 업자, 해당 관청 및 정부, 소비자, 전문가를 보도하는 경우, 미디어가 그 대상을 정의하거나 또는 두드러지게 표현하기 위해 활용하는 서술 방식이나 표현 기법을 사용하는지를 분석하기 위해 팬과 코시키(Pan & Kosicki, 1993)가 문장, 어구, 단어, 주제적 구조, 수사적 구조가 프레임에 영향을 준다고 규명한 것에 착안, 기사의 토픽, 취재원, 헤드라인, 텍스트에 나타난 키워드를 중심으로 다중 측정하고, 기존 연구의 프레임 유형 중에서 세메트코(Holli A. Semetko)와 발켄버그(Pratti M. Valkenburg)의 2000년 연구에서 제시된 다섯 가지 프레임에 위험 확산 프레임을 추가, 6개의 프레임을 기초로 하여 분석, 프레임 장치 간의 유기적인 관계를 보았으며, 엔트만(Entman, 1993)이 지적한 준거 프레임 중 행위의 주체, 피해자 적시, 사건의 범주화 등을 중심으로 분석하는 등 선행 연구들에서 사용한 귀납적인 방법을 사용했다. 헤드라인은 뉴스 스토리의 요지를 담고 있을 뿐 아니라 뉴스를 상징적으로 등급화하는 기능을 갖고 있어(최진우, 1994) 분석 대상으로 삼았고, 헤드라인 키워드가 판정이 곤란한 경우에는 기사의 도입부를 뉴스 틀로 볼 수 있다는 이준웅(2001)의 연구에 따라 도입부를 포함시켰다.

세메트코와 발켄버그는 프레임에 대한 연구들을 분석한 결과 대부분의 프레임들이 크게 '책임 소재(attribution of responsibility)', '갈등(conflict)', '인간적 관심(human interest)', '경제적 결과(economic consequences)', '도덕성(morality)'의 다섯 가지 범주로 분류 가능하다고 지적했다. 여기서 책임 소재 프레임이란 행위 유발 사건의 책임 소재를 강조하고, 인간적 관심 프레임은 행위 유발 사건의 표현에서 감정에 초점을 맞춰 사건을 극화하는 효과를 가져온다. 갈등 프레임은 글자 그대로 관련 주체 간의 대립과 갈등 관계를 부각하고, 도덕성 프레임은 행위 유발 사건의 결과와 관련된 사회 규범과 가치를 강조한다. 경제적 결과 프레임은 행위 유발 사건의 결과에서 경제적 측면을 강조한다. 위험 확산 프레임은 사건의 실제 내용보다 과장시켜 사태의 확산을 암시하는 프레임을 말한다. 위의 프레임을 택한 이유는 식품 사고의 책임 소재와 도덕성, 이해 당사자 간의 갈등, 사건의 극화, 경제적 파장 등에 초점을 맞춘 이 연구의 연구 문제를 접근하기에 가장 적합하다고 판단했기 때문이다.

이 연구는 각 3개의 질문으로 이루어진 여섯 개의 프레임을 만들어 총 18개의 질문 항목을 작성(〈표 3〉 참조), 각각의 질문에 대해 해당 사항이 있으면 '예', 없으면 '아니오'로 체크하도록 했다. 실제 코딩 대상 기사는 각 식품 사고별로 고루 분포하도록 하여 식품 사고별로 대표성이 있다고 연구자가 판단한 기사들(N=67)로 구성했다. 이는 여러 매체에 의해 반복되는 동일한 기사의 반복적인 코딩을 지양하기 위한 장치이다.[1]

Ⅴ. 연구 결과

1. 식품 사고 기사의 위험 확산

6개 프레임 분석 결과는 〈표 3〉과 같다.

1 코더 간 신뢰도(inter-coder reliability)는 10개를 무작위로 추출해 홀스티(Holsti, 1969)의 신뢰도 계산 공식을 이용해 측정했고, 그 결과 신뢰도는 0.90으로 높게 나타났다.

〈표 3〉 식품 사고 기사의 프레임 분석 결과

프레임	문항	'예'라고 답한 사례 수 (N=67)	백분율
책임 소재	책임 소재가 언급되었는가?	36	53.7%
	정부 책임론이 언급되었는가?	27	
	업자 책임론이 언급되었는가?	9	
갈등	갈등 내용이 언급되었는가?	42	62.7%
	갈등의 당사자가 명시되었는가?	5	
	갈등의 양상, 파장이 명시되었는가?	34	
인간적 관심[2]	식품 사고에 개인적인 적대감, 감정이 표현된 형용사가 사용되었는가?	25	37.3%
	사건이 의인화되었는가?	24	
	선한 사람과 악인의 구분이 있었는가?	6	
도덕성	사건의 도덕적 측면이 언급되었는가?	17	25.3%
	도덕적 판단을 유도하는 표현이 사용되었는가?	14	
	사건의 도덕적 심각성을 일깨우는 언급이 있었는가?	3	
경제적 결과	사건의 경제적 여파가 언급되었는가?	23	34.3%
	경제적 손실, 혹은 손해에 관한 구체적 언급이 있는가?	5	
	경제적 여파의 심각성을 암시하는 표현이 사용되었는가?	5	
위험 확산	사건의 심각성을 부각하는 언급이 있는가?	61	91.0%
	유사한 종류의 사건의 언급이 있는가?	47	
	위험의 확산을 경고하는 표현이 있는가?	56	

2 세메트코와 발켄버그의 다섯 가지 프레임 중 하나인 '인간적 관심(human-interest) 프레임'은 사건과 관련된 인물의 부각이나 사건의 인간적인 측면의 보도를 뜻한다. 국내 언론 보도의 경우 사건과 관련된 인물에 초점을 맞춘 기사보다는 관련된 업계와 당국을 의인화하는 경향이 두드러졌다.

위 표는 해당 기사에서 각 프레임에 해당하는 구체적인 언급이나 표현의 사용 유무에 초점을 맞추고 있다. 그 결과 사건의 심각성을 부각하고, 유사한 사건을 언급하거나, 위험의 확산을 경고하는 위험 확산 프레임이 91%의 기사에 적용되고 있음을 알 수 있었다. 그 다음으로 많은 기사들에서 발견되는 프레임이 갈등 프레임으로, 62.76%의 기사가 이에 해당했고, 책임 소재 프레임을 사용한 기사가 그 뒤를 이어 53.7%를 차지했다. 주목할 것은 책임 소재 프레임을 갖춘 기사들의 75%가 그 책임을 정부와 행정부처에 돌리고 있었다는 것이다. 인간적 관심 프레임과 경제적 효과 프레임은 전체 기사의 34.3%에서 발견되었고, 도덕성 프레임의 비중이 가장 낮아 25.3%의 기사만이 이 프레임을 사용하고 있었다.

2. 헤드라인, 본문, 내용의 표현, 수사 등에서 나타난 현저성

언론은 식품 사고를 사회적 현실로 구축하기 위해 어떠한 프레임 장치를 사용하는가에 주목한 연구 문제 1의 가설 1-1, 헤드라인과 본문에서의 용어의 사용, 보도 주제의 선택의 현저성 부분을 검증하기 위해 용어의 사용에 주목해 현저성을 추적했다. 〈표 3〉에서 기사 내용의 언급의 유무만을 추적했다면, 〈표 4〉에는 언급된 내용의 구체적인 사례가 정리되어 있다. 표현의 강도, 수사 기법의 특징을 구체적인 사례를 통해 정리함으로써 현저성을 구성하는 프레임 장치들을 추출했다. 표에서 보듯이, 헤드라인과 본문에서 현저성을 나타내는 어구들이 프레임 기제로 작용하고 있음을 알 수 있다. 따라서 가설 1-1은 지지되었다.

〈표 4〉 헤드라인, 본문 내용의 수사 및 표현상 현저성

프레임	헤드라인	본문
위험 확산 프레임	"식탁 공포" 끝나지 않았다. 대장균에서 쇳가루까지 쓰레기 만두 패닉 쓰레기 만두 충격 전국 확산 장보기도 겁나 불신감 팽배 폐드럼통 공급업자 무더기 적발	– 만파를 부를 예정이다 – 제조업체의 줄파산이 우려된다 – 도대체 안심하고 사 먹을 수 있는 것이 무엇인가
책임 프레임	식품행정 왜 이러나 당국의 갈팡질팡에 국민들 분노 당국이 앞장선 불량 농 · 축산물 유통 식탁 안전 못 지키고도 할 말은 한다	– 안일한 타성을 벗지 못해 – 한심하기 짝이 없다 – 부랴부랴 허용 기준을 마련 – 행정기관의 행태는 면피주의의 극치 – 어느 한 곳에서도 책임지는 움직임이 없다
갈등 프레임	식품 안전 일원화, 또 밥그릇 싸움인가 유가공협회–파스퇴르 불쾌한 싸움 식약청–인천시 '납꽃게' 폐기 처분 책임 공방	– 대대적인 비방 광고를 하고 있다 – 진흙탕 싸움 – 역공을 시작 – 전면전 불사 – 심한 내홍을 겪고 있다
인간적 관심 프레임	중국산 납꽃게 선당 뻬기키도. 파동에 식당가 발길 끊겨 돌 넣은 홍어에 기막혀 불안해하는 시민들	– 만두 제조업체는 울상을 짓고 있다 – 라면 업계는 수입산 원료에 내한 소비자들의 오해를 살까 우려하고 있다 – 시민단체들의 얼굴에 먹구름이 끼어 있다 – 유가공업체가 발끈하고 나서
경제적 결과 프레임	일단 문제화되면 해당 기업 멍들어 "회사 망한 뒤 무죄라니…" 멀쩡한 업체 부도 "후유증 언제까지" 기업 때리기가 소비자 보호? 식당들 "이번엔 기생충 김치" 한숨	– 엄청난 혼란과 피해를 주었다 – 제조업체의 줄도산도 배제할 수 없는 상황이다 – 라면 업계에서는 사건과 무관한 제품에까지 불똥이 튈까 걱정하고 있다
도덕성 프레임	업계와 유착, 의도적 기만 가능성 역겨운 고름우유 신뢰 못 받는 식약청 먹거리에 납을 넣다니	– 상식 이하의 행동으로 일관, 숱한 의혹이 제기됐다 – 업자들을 파렴치범으로 몰았다 – 톨루엔 찌꺼기 등을 대충 제거한 뒤

3. 행위자 프레임

연구 문제 1의 가설 1-2는 각 행위 주체의 현저성에 주목하고 있다. 이 논문은 현재 도출된 미디어 프레임을 구성하는 프레임 장치들을 다시 기사에 등장하는 각 취재 대상, 즉 업자, 정부, 소비자, 전문가별로 나누어 각각의 묘사 용어, 보도 주제, 표현적 속성, 행위자 간의 관계 측면에서 2차로 분석, 위험 보도가 위기를 구축해 가는 과정을 분석했다. 〈표 5〉는 식품 업자들의 대표적인 프레임은 악덕 업자와 피해자 프레임으로 나타났으며, 정부에 대해서는 무능하고 안일한 정부를 피해 상혼을 좇는 약삭빠른 장사꾼으로, 소비자에 대해서는 무지한 사람들을 상대로 돈 버는 가해자 업체로 틀짓기되고 있었다. 〈표 6〉은 정부 및 해당 관청의 프레임이다. 여기서 정부는 위험을 방관한 죄인, 혹은 무능과 안일로 지새는 집단으로 틀짓기되어 있었다. 언론에 묘사된 정부 및 주무부처는 관리 소홀과 무능으로 감독관청으로서 부적격이며, 소비자에게 도움이 안 될 뿐 아니라 사후약방문식 처방으로 불안감 가중시키는 존재로 나타나 있었다. 〈표 7〉은 소비자 프레임이다. 소비자는 선의의 피해자 내지는 무지하고 패닉하는 공중으로 틀짓기되어 있었으며, 능동적인 역할이나 현명한 판단 주체로서의 접근은 찾아보기 힘들었다. 구체적인 프레임 장치들은 다음과 같다.

〈표 5〉 식품 수출입 및 생산업자 미디어 프레임

	돈벌이에 눈 먼 악덕 업자	불안한 피해자
은유 · 비유적 용어	– 파렴치범 – 기상천외의 악덕 수법 – 장님 제 닭 잡아먹기 – 광고를 퍼부어	– 사건과 무관하나 제품에까지 불똥이 튈까 걱정 – 울상을 짓고 있다

은유 · 비유적 용어	– 자업자득 – 살인행위 – 폭로 광고를 치고 나가 – 대책 마련이 너무 무성의해 – 아무리 돈벌이에 혈안이 됐기로서니	– 농가와 관련된 시민 사회단체들의 얼굴에 먹구름 – 동반 피해 – 정부가 행정처분을 내릴 경우 법적 대응에 나서겠다는 움직임 – 울분을 터뜨렸다 – 하소연하고 있다 – 사과와 해명도 잇따르고 있다
보도 주제	책임 공방으로 불신감 안겨 주는 업계 수입식품에 유해첨가물 주입 유통 과정 등에서 발생한 잘못으로 누명을 쓴 생산자	
형용사 · 부사 등 표현적 속성	– 끔찍한 방송 표현을 빌려와 – 불쾌하고 추악한, 정도를 잃은 논쟁의 끝 – 가증스런 상혼에 전율을 금하기가 어렵다 – 얼마나 많은 사람의 체내에 발암물질을 축적시켰는지 생각만으로도 끔찍하기 짝이 없다. – 만성적인 경영난에 처하는 등	
타(他) 행위자와의 관계	대(對)정부: 무능하고 안일한 정부를 피해 상혼을 좇는 약삭빠른 장사꾼 대(對)소비자: 무지한 사람들을 상대로 돈 버는 가해자	

〈표 6〉 정부 및 해당 관청의 미디어 프레임

	위험 방관의 죄인	무능과 안일의 행정가
은유 · 비유적 용어	– 업계와 유착, 의도적 기만 – 한술 더 떠 – 시치미를 떼다 – 속수무책으로 방치 – 파문을 덮어두기 급급 – 난맥상 – 뿌리 깊은 불신 – 한건주의 행정의 표본 – 만신창이 누더기 꼴 – 사후약방문 – 늑장행정 – 인면수심	– 금 가기 시작한 보사부 및 국립보건원 – 상식 이하의 행동 – 소비자들의 혼란은 아랑곳없이 업자를 두둔 – 강 건너 불로 치부 – 안일한 타성을 보지 못해 – 시정명령이나 행정지도 조치에 그쳤다 – 상황에 따라 말을 바꾸는 식약청의 자세는 정말 어이가 없다 – 구제 불능 – 식품행정 하나 개혁하지 못하면서 간판은 '개혁정부' – 뒷북행정 – 실제로 달라지는 건 거의 없다

보도 주제	식품업계 측 입장 두둔 영세업자에게 생산관리 매뉴얼 만들어 주기도 불량 수입 농산물 까마득히 몰라 정부 차원 대책 부재 사건에 대한 대책 마련했으나 뒤늦게 계획 철회 후 해명
형용사 · 부사 등 표현적 속성	– 관리를 소홀히 한 실태가 속속 밝혀지고 있다 – 냄비식 식품 파동 대응책 – 한심하다 못해 분노마저 금할 수 없다.–군색한 변명 너무 황당하다 – 한심하기 짝이 없어 빈축을 샀다 – 까마득히 몰랐던 정부 – 부랴부랴 허용 기준을 제정, 안전성을 재점검하는 등의 법석 – 우리 정부의 인식이나 대책이 너무 소홀 – 국민 건강에 치명상을 줄 수도 있는 수입 식품까지 거의 규제 없이 들여와
타(他) 행위자와의 관계	대(對)업체 : 관리 소홀과 무능으로 감독관청으로서 부적격 대(對)소비자 : 도움이 안 되고 사후약방문식 처방으로 불안감 가중

〈표 7〉 소비자의 미디어 프레임

	선의의 피해자	무지하고 패닉 현상의 약자
은유 · 비유적 용어	– 국민들은 입맛까지 잃어버렸다 – 소비자들의 혼란을 가중 – 국민들에게 불안감만 증폭 – 당황하지 않을 수 없다 – 골탕 먹는 결과 – 민간단체의 급작스런 주장에 마구 놀라는 사태 – '나도 기생충 알을 먹은 게 아닌지' 속이 불편	– 불안감이 증폭 – 이 같은 법석은 물거품처럼 사그라져 – 수입 식품 애용자가 돼버려 – 온 국민이 별생각 없이 먹어 – 대경실색시키기에 충분 – 공포에 떨게 되었다 – 걱정이 태산 같다 – 먹어야 하나 말아야 하나
보도 주제	식품 파동, 벌써 품귀 현상 먹어야 하나 말아야 하나 판단이 혼란스러운 소비자 허술한 식품 안전 소식에 경악을 금치 못해	
형용사 · 부사 등 표현적 속성	– 너무 무지하다 – 원망의 목소리가 높다 – 가뜩이나 죽을 맛인데 이번 사태로 거덜나게 생겼다 – 식당들 한숨	
타(他) 행위자와의 관계	대(對)업체: 상혼에 놀아난 불쌍한 피해자 대(對)정부: 보호받지 못하는 딱한 약자	

4. 언론의 위기 구축

(1) 각 행위 주체 간의 이분법적 프레임

연구 문제 2의 가설 2-1은 행위 주체 간의 관계에 주목하고 있다. 이를 검증하기 위해 언론이 이들 각 미디어 프레임을 구성하는 프레임 장치로 식품 위해성의 고의성을 전제로 한 피해자와 가해자의 색출, 피해자와 가해자의 관계 설정 및 규정, 가해 양상에 대한 고발, 피해자 대응 등을 사용하는 양상을 추적해 〈표 8〉에 정리했다. 흥미로운 것은 가해자와 피해자와의 관계 설정만 고정되어 있을 뿐, 가해자와 피해자가 경우에 따라 서로 위치를 바꾼다는 사실이다. 위험 보도 초창기에는 음식을 생산하거나 수입하는 업자가 집중적으로 사태의 가해자 이미지로 보도되고, 사태가 진전되면서 이를 방조한 정부 및 해당 관청이 가해자의 위치로 갔다가, 위험 상황이 종료된 후에는 소비자나 언론이 가해자 편에, 수입업자나 생산자가 피해자의 위치를 각각 차지했다.

〈표 8〉 피해자 대(對) 가해자 프레임

	가해자	피해자
위험 확산 프레임	생산업자, 수입업자	소비자
책임 소재 프레임	정부, 해당 관청	소비자
갈등 프레임	공방 당사자들	소비자
경제적 여파 프레임	소비자, 언론	생산업자, 수입업자

(2) 취재원 활용

연구 문제 2의 가설 2-2는 취재원의 활용에 초점을 맞추고 있다. 취재원은 정보의 속성을 결정하는 중요한 단서이다. 〈표 9〉에서 보듯, 발생 기사는 주로 검-경찰이나 관계 당국에 의존하고 있었으며, 기획-해설 기사로 진행되면서 업계나 소비자의 반응이 추가되었다. 악덕 상혼, 위생이나 관리 소홀 등이 원인인 식품 사고의 경우 전문가 그룹을 취재원으로 활용하기보다 일반 소비자의 반응에 더욱 비중을 두고 있는 것으로 밝혀졌다. 행위 주체자로서의 전문가(과학자)들이 기사 안에 거의 부재, 이렇다 할 프레임의 양상을 드러내지 못했다. 따라서 위험 보도에서 전문가들의 대립을 부각함으로써 소비자들의 위험 수용에 장애를 끼친다는 피터스(Peters, 1991)의 지적은 국내 언론에 적용이 어렵게 되었다. 다만 전문가 갈등 대신 이해 당사자(업체들) 간, 혹은 해당 업체와 시민단체 간, 혹은 업체와 해당 관청 사이에서 현저하게 드러난 갈등 프레임이 소비자들의 혼란을 가중시키는 데 기여했다고 해석할 수 있겠다.

〈표 9〉 식품 사고별 주요 취재원

식품 사고	발생 기사 주요 취재원	기획–해설 기사 취재원
기생충 알 김치	국회 보건복지위원회	식약청, 업계, 식당, 소비자
불량 만두소	경찰	업계 홍보실, 한국소비자보호원
폐드럼통 젓갈	검찰	식약청
바퀴벌레 피자	울산 중구청	업계 관계자
이물질이 들어간 호빵	경찰	업계 관계자, 피해 소비자
불량 고춧가루	경찰	식약청, 소비자
이물질이 들어간 빵	경찰	업계 관계자, 피해 소비자
납꽃게, 볼트가 들어간 수입 생선	인천지역 수입업자	검찰, 해양수산부, 수산시장, 전문가
포르말린 번데기와 골뱅이 통조림	검찰, 식약청	피해 소비자, 전문가
고름우유	보사부, 국립보건원	파스퇴르, 유가공협회, 제약회사, 시민의모임
공업용 우지로 튀긴 라면	검찰	법원, 업계대표, 전문가

Ⅵ. 맺음말

이 연구는 식품 안전을 둘러싼 위험 상황을 보도하는 언론이 위기의 사회 현실을 구축하는 과정을 알아보기 위해 1989년 삼양라면 우지 파동에서 2005년 김치 기생충 알 검출 사건에 이르는 11건의 식품 안전 보도를 대상으로 미디어 프레임을 추출하고 프레임 장치를 분석했다. 분석을 위해 팬과 코시키(Pan & Koscki, 1993), 세메트코와 발켄버그(Semetko & Valkenburg, 2000), 엔트만(Entman, 1993) 등의 준거 프레임을 활용해 문장, 어구, 단어, 주제적 구조, 수사적 구조, 취재원, 헤드라인을 키워드를 중심으로 다중 측정하고, 위험 확산, 책임 소재, 갈등, 도덕성, 경제적 효과, 인간적 관심 등 여섯 가지 프레임을 적용해 분석했다.

첫 번째 연구 문제는 프레임의 현저성을 추적하는 것으로, 분석 결과 언론의 위험 보도는 위기 확산 프레임, 책임 프레임, 갈등 프레임 등의 현저성이 두드러진 것으로 나타났다. 헤드라인과 본문에서의 용어의 사용, 보도 주체의 선택에서 사건에 관련된 행위 주체들이 각기 다른 틀 안에서 현저성을 드러내고 있었는데, 즉 기사에 나타난 행위의 주체자인 식품 수출입 및 생산업자는 돈벌이에 눈먼 악덕 업자, 불안한 피해자로 틀짓기되어 있었으며, 정부 및 해당 관청은 위험 방관의 죄인, 무능과 안일의 행정가로, 소비자는 선의의 피해자, 혹은 무지하고 패닉하는 약자로서의 틀짓기가 현저했다.

두 번째 연구 문제는 이미 도출된 프레임과 행위자 간의 관계, 취재원 특성 등에서 위험 상황이 위기의 현실로 구축되어 가는 양상에 초점을 맞추었다. 전술했듯 다양한 틀짓기를 통해 대중 앞에 노출된 각 행위 주체들은 이러한 갈등, 혹은 대비 구조의 프레임 안에서 때로는 가해자로, 때로는 피해자로 틀짓기되며 위험 상황을 확산시키는 기제로 기능

했다. 갈등의 부각은 안전 의식을 위협하며, 상반된 이해 관계의 취재원 활용은 식품 선택에 대한 대중의 판단을 저해하는 요소로 작용한다.

식품의 유해성 여부에 대한 진실을 규명하려는 노력보다, 유해성을 둘러싼 이해 당사자들의 공방을 부각시키는 것은 소비자의 판단을 흐리고 위험을 실제보다 크게 증폭시킨다. 소비자가 식품 구매와 섭취에 대한 판단을 하는 데 필요한 것은 정확하고 전문적인 정보이다. 이에 비해 "김치 검사 결과 식약청-서울시연구원 큰 차이"(동아일보, 2005.10.10.), "발암물질 검출 놓고 해양부-양식업계 대립"(동아일보, 2005.10.8.), "경찰-업체 진실 공방, 만두 파동 누구 말이 맞나"(동아일보, 2004.6.20.), "농림부-복지부 이원화 사고 땐 책임 전가 급급"(문화일보, 2004.8.18.), "고름우유 논쟁, 유가공업계 반격, 이전투구 전면전"(국민일보, 1995.10.30.), "유가공업계 때 아닌 고름우유 논쟁으로 내홍"(세계일보, 1995.10.31.) 등의 기사는 정보 대신 독자들에게 판단의 부담을 고스란히 넘기는 기사들이라고 할 수 있다.

더욱이 책임의 소재를 대부분 정부 혹은 해당 관청으로 돌리는 책임 소재 프레임은 사회 전반적인 시스템에 대한 불신과 불안감을 야기할 소지가 높다. 우발적이고 단순한 식품 안전 사고라도 언론의 특정한 틀짓기의 프리즘을 통과하면 집단적인 위기 의식과 행태의 변화로 표출된다. 한국보건사회연구소의 조사에서 나타나듯 식품 사고 인지 이후에 섭취량이 급감한 사실이 이를 뒷받침한다.

이 같은 틀짓기의 이유로는 첫째, 출입처 중심의 취재 관행을 들 수 있다. 최초의 발생 기사의 취재원이 대부분 검·경찰 등 관청인 데에서도 알 수 있듯이 출입처에 의존한 기사는 종합적인 판단을 유보한 채 속보 경쟁으로 이어지면서 위험을 증폭시킬 개연성이 크다. 주로 검찰, 업계, 소비자단체 등의 일방적 발표를 단발성 스트레이트로 처리한 기사는 던지는 파장에 비해 정보의 완결성이 떨어진다.

둘째, 글쓰기 원칙에서의 전문성 부족도 원인이 된다. 균형적이고 중립적 단어의 사용이라는 저널리즘 글쓰기 원칙이 잘 지켜지지 않는 것은 기자와 편집자의 주관성 개입의 소지를 높여 의도되지 않은 틀의 현저성을 부각시킬 개연성이 크다.

셋째, 보도 시점을 선택하는 데 일관된 원칙이 없는 것은 위험의 개연성을 위기로 촉발하거나, 실제 진행 상황을 과장 전달되게 하는 위험을 갖고 있다. 즉, 경찰이 현재 수사 중인 사건이나 식품 안전성 의혹 보도, 업자의 주장을 담은 '설익은 보도'는 정확한 정보의 부재 상태에서 소비자들의 위기 의식만 조장할 개연성이 높다.

위의 프레임을 지닌 언론의 보도는 특정 식품 안전의 문제를 종국에는 식탁 전체로, 일부 악덕 업자의 문제를 업계 전체로 확대 해석, 불안을 가중시키고 선의의 피해자를 양산한다. '쓰레기 만두' 파동과 기생충 알 김치 보도에서 나타났듯이, 문제가 된 업체와 그렇지 않은 업체 사이의 구분이 신중하게 이루어지지 않아 피해를 보는 업체가 나오고 소비자들 역시 정보 부재의 혼란을 겪어야 했다. "멀쩡한 영세업체 줄도산 우려"(한국일보, 2005.11.3.), "잇따른 식품 파동, 식품시장 강타"(내일신문, 2004.6.11.), "못 믿는다 수입식품, 이것이 문제다 시리즈"(동아일보, 1990.12), "만두 이어 라면 수프… 불량 식품의 끝은"(동아일보, 2004.6.10.) 등의 기사는 소비자에게 식탁 전체가 오염되어 있다는 인상을 주어 위험을 위기로 고조시키기 쉽다.

따라서 현재의 식품 안전 보도가 개선되기 위해서는 위의 프레임 분석으로 드러난 피해자/가해자 양자 구도나 지나친 갈등 및 위험 확산 기제를 지양하고 소비자를 의식 있는 주체로 간주한 통합적 보도와 위험의 종류와 크기를 정확하게 알리는 과학 정밀 보도로 실체적 진실에 가까운 사회 현실을 구축하도록 해야 할 것이다.

〈참고 문헌〉

김동규, 「한국 언론의 위기 보도, 그 실상과 과제: 재난, 전쟁, 테러 및 갈등 보도를 중심으로」, 『사회과학연구』 15호, 건국대학교, 2002.

김영욱 · 박소훈 · 차희원, 「한국인의 집단주의 성향과 귀인 성향, 그리고 위기 커뮤니케이션 수용 간의 관련성」, 『한국언론학보』 48권 4호, 271-394, 2004.

김용호 · 김용순 · 한정택, 「한미 관계에 대한 미디어 보도분석: 조선일보, MBC, *New York Times* 보도에 대한 프레임 분석을 중심으로」, 『한국과 국제정치』 제20권 4호, 67-106, 2004.

김원용, 「위기보도 분석: 걸프전 보도를 중심으로」, 『방송연구』 32호, 1991.

김원용 · 이동훈, 「신문의 보도 프레임 형성과 뉴스 제작 과정에 대한 연구」, 『한국언론학보』 48권 4호, 351-380, 2004.

______, 「언론보도의 프레임 유형화 연구: 국내 원자력 관련 신문 보도를 중심으로」, 『한국언론학보』 49권 6호, 166-197, 2005.

김혜순, 「매체의 이데올로기 분석을 위한 시론적 탐색: 언론의 '위기' 구성과 관리방식 사례를 중심으로」, 『한국언론학보』 제34호, 41-86, 1994.

송용회, 「미디어, 프레임, 현실 구성: 미디어 프레임 연구의 과제와 발전 방향 모색을 위한 소고」, 『프로그램/텍스트』 제13호, 2005.

송해룡 · 김원제 · 조항민, 「과학기술 위험보도에 관한 수용자 인식 연구: GMO(유전자 변형식품) 사례를 중심으로」, 『한국언론학보』 49권 3호, 105-128, 2005.

유세경, 「우리나라의 경제위기 상황에 대한 해외언론 보도 경향과 국가 이미지」, 『홍보학 연구』 2호, 1998.

이정춘, 「현대사회의 '위험'과 '위험보도의 쟁점'에 대한 고찰」, 『한국언론학보』 37호, 62-91, 1996.

이준웅, 「갈등적 이슈에 대한 뉴스 프레임 구성 방식이 의견 형성에 미치는 영향: 내러티브 해석모형의 경험적 검증을 중심으로」, 『한국언론학보』 46-1호, 441-480, 2002.

이창호, 「뉴욕타임즈, 아랍뉴스, 중동타임스의 이라크전쟁 보도 비교」, 『한국언론학보』 48권 6호, 84-109, 2004.

장하용, 「언론 메시지 분석의 새로운 접근: 경제위기 담론의 상징 네트워크 분석」, 『한국언론정보학보』, 통권 14호, 244-266, 2000.

정재철, 「한국 신문의 유전자 연구 프레임 비교 분석」, 『한국언론정보학보』 통권 25호, 135-197, 2004.

『조선일보』. 45판 03면 종합기획, 연재, 1999.6.7.

최낙진, 「지역신문 뉴스 프레임 비교: 핵폐기장 관련 보도를 중심으로」, 『한국언론정보학보』 통권 27호, 283-316, 2004.

최진우, 『신문편집제작론』, 대광문화사, 1994.

한국보건사회연구원과 식품의약품안전청, 『식품 안전관리에 관한 국민의 인지도 및 그 체감도에 따른 행동 유형에 대한 조사 연구보고서』, 한국보건사회연구원, 2004.

Altheide, D., *Creating Fear: News and the Construction of Crisis*, New York: Aldine de Gruyter, 2002.

Beck, U., *Risk society*, London: Sage, 1992.

Entman, R. M., "Framing U.S. coverage of international news: Contrasts in narratives of the KAL and Iran air incidents", *Journal of Communication* 41(4),

1991.

______, "Framing: Towards clarification of a fractured paradigm". *Journal of Communication* 43(4): 51-58, 1993.

Entman, R. M. & Rojecki, A., "Freezing out the public: Elite and media framing of the U.S. antinuclear movement", *Political Communication* 10: 155-173, 1993.

Fern-Banks, K., *Crisis Communication: A Casebook Approach.*, Mahwah, NJ: Lawrence Erlbaum, 1996.

Gamson, W. A., "A constructionist approach to mass media and public opinion", *Symbolic Interaction* 11: 161-174, 1988.

Gamson, W. A. & K. E. Lasch, "The political culture of social welfare policy", in S. Spiro & E. Yuchtman-Yaar (eds.), *Evaluation the welfare state: Social and political perspective*, New York: Academic Press, 1983.

Gitlin, T., *The Whole World is Watching: Mass Media in the Making and Unmaking of New Left*. Berkeley: University of California Press, 1980.

Holsti, O., *Content analysis for the social sciences and bumanities*. MA: Addison-Wesley, 1969.

Huang, K. S., "A Comparison between media frames and audience brames: The case of the Hill-Thomas controversy", Paper presented at the amual conference of the International Communication Association, Chicago, Il. 1996.

Iyengar, S., "Television news and citizens' explanations of national affairs", *American Political Science Review* 81: 815-831, 1987.

______, *Is anyone responsible? How television frames political issues*. Chicago: University of Chicago Press, 1991.

Iyengar, S. & D. R. Kinder, *News that matters: Television and American opinion*. Chicago: University of Chicago Press, 1987.

Kennamer, J. D. & J. A. Honnold, "Attitude Toward Homosexuality and Attention to News about Aids", *Journalism & Mass Communication Quarterly* Vol.72 No.2: 322-335, 1995.

McAlister, A., W. Johnson, C. Gunther-Grey, M. Fishbein, D. Higgins, K. O'Reilly, & the AIDS Community Demonstration Projects, "Behavioral Journalism for HIV Prevention: Communitiy Newsletters Influence Risk-Related Attitudes and Behavior", *Journalism & Mass Communication Quarterly* Vol.77 No.1: 143-159, 2000.

McCombs, M., D. L. Shaw, & D. Weaver, "The agenda-setting function of mass media", *Public Opinion Quarterly* 36: 176-187, 1997.

Neuman, W. R., M. R. Just, & A. N. Crigler, *Common Knowledge: News and the construction of politacal meaning*, Chicago: University of Chicago Press.

Pan, Z. & G. M. Kosicki, "Framing analysis: An approach to news discourse", *Political Communication* 10: 55-75, 1993.

Perrow, C., *Normal accidents: Living with high risk systems*. New York: Basic Books, 1984.

Price, V. & D. Tewksbury, "News values and public opinion: A theoretical account of media priming and framing", in G. Barnett & F. J. Boster (eds.), *Progress in the communication sciences*, Greenwich, CT: Ablex, 1997.

Renn, O., "Risk communication and the social amplification of risk", in *Communication risks to the public* (ed. R. E. Kasperson & P. J. M. Stallon), Kluwer: Dordreht, 1991.

Rhee, J. W., "Strategy and issue frames in election campaign coverage: A social cognitive account of framing effects", *Journal of Communication* 47: 26-48, 1997.

Scheufele, A., "Framing as a Theory of Media Effects", *Journal of Communication* 103-122, 1999.

Semetko, Holli A. & Patti M. Valkenburg, "Framing European politics: A content analysis of press and television news", *Journal of Communication* 50(2): 93-109, 2000.

Shah, Dhavan B., David Domke, & Daniel B. Wackman, "Values and the vote: Linking issue interpretation to the process of candidate choice," *Journalism and Mass Communication Quarterly* 74(2): 357-387, 1997.

Slovic, P., "Informaing and education the public about risk", *Risk Analysis* 4: 403-415, 1986.

Swain, K. A., "Proximity and Power Factors in Western Coverage of the Sub-Saharan AIDS Crisis", *Journalism & Mass Communication Quarterly* Vol.80 No.1: 145-165, 2003.

Tuchman, G., *Making News: A Study in the Construction of Reality*, New York: The Free Press, 1978, 박홍수 옮김, 『메이킹 뉴스: 현대사회와 현실의 재구성 연구』, 서울: 나남, 1995.

Valkenburg, Patti M., Holli A. Semetko, & Claes H. De Vreese, "The effects of news frames on readers' thoughts and recall", *Communication Research* 26(5): 500-509, 1999.

Weingart, P., "Verwissenschaftlichung der Gesellschaft-Politisierung der Wissenschaf", *Zeitserift für Soziologie* 12: 225-241, 1983.

Willis, J. & A. Okunade, "Reporting on Risks", *The Practice and Ethics of Health and Safety Communication*. Westport, CT & London: Praeger, 1997.

건강 행동 변화를 위한 보건 커뮤니케이션 전략 개발*

– 금연을 위한 생태학적 접근 전략의 적용 –

김혜경

I. 머리말

현대 사회가 지향하는 건강 증진의 핵심 목표는 흡연, 음주, 신체 활동, 식습관 등 건강 행동을 바람직한 방향으로 변화, 유지시키는 것이다. 개인 건강 행동의 변화와 유지 현상은 다양한 생물학적, 심리적, 그리고 사회적 결정 요인들의 상호작용으로 발생하는 복잡한 과정이다. 이러한 이유로 건강 행동을 변화시키는 것은 개인 선택의 문제라 할 수 없으며, 오히려 행동이 발생되는 개인의 생리적 · 심리적 요인과 사회적 상황을 함께 고려해야 한다. 이는 행동에 영향을 미치는 요인에 대한 다차원적(multi-level)인 개입을 의미하는 것으로 개인(생리적 · 심리적), 가족, 조직, 지역 사회, 그리고 국가 차원의 개입이 포함된다(Cohen et al., 2000; Fisher et al., 2004; Pellmar et al., 2002).

건강 행동의 생태학적 모형(ecological model of health behavior)은 건

* 이 논문은 『보건교육건강증진학회지』 제27권(2010년)에 게재되었음.

강 행동에 대한 다차원적인, 그리고 상호작용을 하는 결정 요인들을 이해하는 이론적 틀을 제공한다. 개인과 환경은 상호간에 영향을 미치는 관계로, 건강 행동에 영향을 미치는 다차원적 요인들이 개인(생리적 · 심리적 요인), 개인 간 요인(사회적 · 문화적), 조직, 지역사회, 물리적 환경과 정책 차원으로 구성됨을 제시한다(Cohen et al., 2000; Glanz et al., 2008; Glass & McAtee, 2006). 각 차원에서 가장 영향력이 있는 요인이 구체적으로 파악되고 조정되어야 하는데, 행동 변화가 달성되기 위한 최상의 조건은 환경과 정책이 건강한 선택을 지원하고, 건강한 선택을 지지하는 사회적 규범과 지지가 있을 때, 그리고 개인이 이러한 선택을 하도록 동기가 유발되고, 교육을 받을 때라고 가정한다.

이는 건강 증진을 위한 중재 프로그램 개발과 수행에 생태학적인 접근 방법이 적용되어야 함을 의미하는 것이다. 즉, 생태학적 접근 방법을 통한 다차원적인 분석에서 변화를 위한 다양한 접근 방법을 찾아야 하는 것이다. 따라서 생태학적 모형은 각 영향 요인의 차원에서 변화 메커니즘을 체계적으로 적용하는 포괄적인 개입 프로그램을 개발하는 데 유용하게 활용될 수 있다. 건강 행동의 생태학적 모형은 행동에 영향을 미치는 사회적 · 심리학적 영향 요인을 고려함과 동시에 환경적 · 정책적 맥락을 강조함으로써 지난 20년간 건강 행동 변화 관련 연구와 프로그램 실시에서 생태학적 모형에 관한 관심과 적용이 크게 증가했다(Glanz et al., 2008).

흡연은 질병 발생과 사망의 가장 큰 원인이 되는 건강 위험 행동이다. 2008년 이래 우리나라 성인 남성의 흡연율이 감소되는 추세이기는 하나 2009년 지역사회 건강조사 결과에 따르면 우리나라 성인 남성의 흡연율은 47.1%로 경제협력개발기구(OECD) 국가 평균 28.3%를 20% 가까이 웃도는 수준이다(질병관리본부, 2010). 따라서 우리 국민의 질병 예방과 건강 증진을 위해 해결해야 하는 가장 우선순위가 높은 건강 위험 행동이다. 흡연의 시작과 지속뿐 아니라 금연의 시작과 유지에도 다차원적인 요인들이 상호작용을 하며 관여한다. 그러므로 금연과 흡연 예방을 위한 노력은 반드시 생태학적 모형에 근거해야 한다. 실제로 개인과 사회적 관계를 갖는 가족, 친구, 지역사회 구성원 등과 지역사회, 조직, 직장의 변화, 정책의 변화 등은 금연 또는 흡연 행동에 영향을 미치는 것으로 입증되어 왔다(Wiium & Wold, 2009; Wilcox, 2003). 그러나 기존의 금연 프로그램의 경우 대부분 개인적 · 생물학적 또는 심리적 특성(니코틴 또는 알코올 중독, 자기 통제 능력, 의지 등)의 변화에만 중점을 둔 경향이 있었는데, 이러한 프로그램은 금연에 영향을 미치는 다른 요인들을 방치하는 결과를 초래해 장기적인 관점에서는 효과적이지 못했다(Pellmar et al., 2002).

그러므로 이 연구에서는 생태학적 모형을 적용해 흡연의 시작과 유지에 관여하는 다차원적 결정 요인을 분석하고, 이러한 요인들을 변화시키는 보건 커뮤니케이션 방법과 전략을 개발함으로써, 향후 다차원적 금연 프로그램 개발의 효율화 과정에 기여하고자 한다. 또한 이 연구 결과는 금연뿐 아니라 다른 건강 행동의 영역까지 확대 적용할 수 있을 것이라 기대되므로 건강 증진을 위한 커뮤니케이션 전략의 효과성 향상에도 기여하고자 하는 목적으로 실시되었다.

II. 흡연 행동에 영향을 미치는 다차원적인 요인

흡연의 시작과 유지에 영향을 미치는 요인은 개인의 지식, 태도, 니코틴 중독으로부터 동료의 흡연 압력, 건물 내 금연 규칙, 조세 정책에 이르기까지 다양하며, 크게 개인 요인과 환경 요인으로 구분할 수 있다.

1. 개인 요인

개인 수준의 흡연 영향 요인은 지식, 태도, 믿음, 자아 개념, 과거 경험, 동기 유발 정도, 기술, 행동의 실천과 같은 개인 내적 요인(intra-personal factors)을 의미한다. 흡연 행동에 영향을 미치는 개인적 요인을 파악하고 이들을 활용해 금연 실천을 예측하는 일은 커뮤니케이션 전략 개발의 기초가 된다. 다양한 개인 수준의 건강 행동 이론들은 이 과정에서 지침 역할을 하면서 금연 의사 결정과 실천 대한 태도, 자기 효능감 등을 확인함으로써 한 개인의 금연 실천 가능성을 예측할 수 있다고 주장하고 있다. 개인 수준의 건강 행동 이론과 모형들은 흡연 위험에 대한 인식, 금연의 장점과 단점에 대한 상대적 인식, 금연 실천 능력에 대한 확신 등을 흡연 및 금연 행동에 대한 유의미한 예측 요인으로 제시하고 있다(Browning & Thomas, 2005).

2. 환경 요인

흡연과 관련된 환경 요인은 개인 간 수준으로 가족, 친구, 동료, 기타 개인에게 중요한 의미가 있는 사람들로부터 시작해, 개인이 속한 조직과 지역사회의 문화, 더 나아가 법, 정책, 규칙, 매스미디어 등 다차원적인 체계에서의 다양한 사회 환경적 영향 요인들이 포함된다.

(1) 개인 간 차원

건강 위험 행동은 친밀한 사회 환경의 영향을 받는다. 특히, 가족 내에서 발생하는 사회화 과정은 위험 행동의 형성에 막대한 영향을 주게 된다. 사회화 과정이란 개인이 이들이 속한 사회집단의 규범적인 믿음, 가치, 지식, 기술, 행동을 학습하고 내면화시키는 과정이다. 사회적 규범은 행동에 대한 강력한 결정 요인으로 자신의 사회집단에서의 인정과 집단의 규범을 따르려는 성향과 밀접한 연관성을 갖는다(Leatherdale, 2006; Wiium & Wold, 2009; Wilcox, 2003).

청소년의 흡연 행동과 관련된 사회화 과정에서 부모와 교사의 영향은 특히 중요하다. 우선 부모나 교사와 같은 영향력 있는 어른의 흡연 여부가 청소년의 흡연에 대한 중요한 예측 요인이 된다. 그러나 사회화 과정은 실제 부모가 흡연하는 것을 관찰하는 것 이상의 차원에서 발생되는 것으로 흡연이 얼마나 보편적인 행동인지, 사회적으로 용인되는 행동인지, 그리고 흡연이 개인적 그리고 사회적으로 어떠한 결과를 가져오게 되는지에 대한 인식에 영향을 주게 된다.

청소년의 흡연 문제는 청소년의 문제라 간주해 청소년 흡연 문제에 수동적인 태도를 보이는 경우가 많다. 그러나 청소년들은 이러한 수동적인 태도를 묵시적인 용인으로 해석하는 경향이 있다(Perry, 1999). 따라서 자녀들이 흡연을 조장하는 많은 영향 요인에 노출되고 있는데도 이에 대해 수동적인 입장을 취하는 것은 이러한 영향들이 효과를 나타내도록 허락하는 결과가 될 수도 있는 것이다.

이외 직장 동료나 친구들의 흡연도 간접, 직접적인 흡연 압력으로 작용한다. 우리 사회의 흡연은 사회적 행동으로 인식되고 있어, 담배를 나누는 행동은 친구와 사회적 유대 관계를 강화하는 수단이 된다.

(2) 조직 차원

개인이 속해 있는 공식적인 또는 비공식적인 조직은 흡연 행동에 영향을 주는 체계가 된다. 조직이란 특별한 목적을 갖고 활동하는 집단이므로 조직의 정책이나 정책 집행 절차가 조직 내 구성원들의 행동을 결정하게 된다. 또한 각 조직은 자신만의 규범과 문화가 있는데, 이러한 조직의 특성은 개인이 건강 행동을 선택하는 데 영향을 주게 된다.

(3) 지역사회 또는 공공정책 차원

지역사회란 하나의 단위로 간주되는 지리적 영역뿐 아니라 공통의 관심과 목적을 공유하는 사람들의 집단을 의미한다(McKenzie et al., 2009). 밀접한 관계에 있는 가족, 조직, 기관 등은 지역사회를 구성한다. 지역사회 구성원들의 공유된 특성이 건강 행동에 영향을 주게 되어 건강 문제가 발생하기도 하고, 또한 지역사회는 건강 문제 해결을 위해 필요한 지식, 기술, 자원들을 가진 구성원들을 포함하고 있기 때문에 건강 문제 해결을 위한 해결 단체의 역할을 하기도 한다.

흡연 행동에 영향을 미치는 많은 사회적, 경제적, 정치적, 그리고 문화적 요인 중 가장 중요한 요인은 담배 회사의 마케팅과 정부 차원의 건강 증진 정책 수행이다. 담배 회사들은 판매 향상을 위해 광고와 다양한 전략을 활용하고 있다. 광고는 신문, 잡지 그리고 옥외광고 등이 포함되며, 대표적인 판매 전략으로 대중을 위한 공연, 스포츠 경기, 영화 등에서의 스폰서 역할, 담배 샘플 배포를 들 수 있다. 막대한 양의 자원이 담배 마케팅을 위해 사용되고 있는데, 이들이 마케팅에 소비하는 비용은 자동차 산업을 제외한 다른 산업에 비해 가장 높은 것으로 알려져 있다. 담배 회사들의 마케팅은 현 흡연자의 금연 결심 또는 흡연량 감소 결심을 무너뜨리며, 금연자들의 재흡연을, 현 흡연자들의 흡연량을 증가시킨다. 간접적으로는 담배의 건강 영향에 대한 대중 매체의 방송 범위를 억제하고, 흡연이 규범이라는 인식을 갖게 한다. 또한 담배 회사의 정책적 입장에 대한 반대 여론을 감소시킨다(Shumaker et al., 1998).

정부가 진행하는 다양한 건강 증진 정책과 프로그램의 실시는 국민의 건강 상태와 밀접한 관련성을 갖는다. 특히, 금연/흡연 예방 대중 매체 캠페인을 제공하고, 건강 증진 행동을 촉진시키는 다양한 정책과 법(담뱃세 인상, 공공건물에서의 흡연 규제, 담배 광고 규제, 담배 산업에 대한 지원 삭감, 미성년자에 대한 담배 판매 금지 강화 등)을 제정하는 담배 추방을 위한 정부의 적극적인 역할 여부가 국민들의 흡연 행동에 대한 결정적인 영향력을 행사하게 된다.

〈표 1〉 흡연과 관련된 다차원적 결정 요인

<table>
<tr><th colspan="2">차원</th><th>관련 요인</th></tr>
<tr><td colspan="2">개인</td><td>연령, 성, 건강 상태, 가족 내에서의 역할
소인성 요인 중 지식, 태도, 믿음, 자아 개념, 건강 관심, 자기 효능감, 주관적 규범 등
가능 요인 중 기술 등</td></tr>
<tr><td rowspan="3">환경</td><td>개인 간</td><td>가족 및 동료의 흡연 여부, 함께 사는 사람의 활동 패턴(예. 함께 있는 시간 등), 역할 모델 등</td></tr>
<tr><td>조직 및 기관</td><td>흡연 규범, 금연 정책, 담배에 대한 접근성, 교육(학교 및 기타 경로를 통한 흡연 예방/금연 교육 등), 금연 서비스 제공 여부 등</td></tr>
<tr><td>지역사회 또는 공공정책</td><td>사회 · 문화적 규범, 담배 공급 체계(담뱃값), 건강 증진 정책과 법 제정(담뱃세 인상, 흡연 규제, 담배 광고 규제, 담배 산업에 대한 지원 삭감, 금연 공익광고 및 캠페인, 건강 증진 프로그램, 담배 회사의 마케팅, 흡연에 관한 대중문화의 묘사 등</td></tr>
</table>

Ⅲ. 금연 중재를 위한 생태학적 접근

1. 생태학적 접근을 위한 이론적 틀

특정 행동을 장려하도록 고안된 프로그램의 경우 그 행동에 대해 알려진 결정 요인에 대해 다루지 않는다면 프로그램을 성공으로 이끌 수 없다. 이론적 틀은 이러한 결정 요인을 설명하며, 프로그램 개발의 방향과 체계를 제공해 주기 때문에 프로그램의 설계를 향상시키고 잠재적인 효과를 극대화하는 데 도움을 주게 된다(Green, 2000).

금연 중재 프로그램과 같은 건강 증진 프로그램의 기획에 활용될 수 있는 이론은 개인, 조직, 지역사회 수준의 건강 행동 이론으로부터, 지역사회 개발 및 정책 이론에 이르기까지 다양하다. 즉, 생태학적 차원에 따라 적용할 수 있는 다양한 이론이 연구 결과로 발표되고 있다. 그러나 우리나라 건강 증진 프로그램의 기획 과정은 관련 이론을 발견하고 이를 실행에 적용하는 능력이 많이 부족한 것이 현실이다. 금연 중재 프로그램의 경우도 마찬가지여서, 체계적 이론에 바탕을 둔 프로그램을 개발하기보다는 담당자의 경험과 직관에 의존해 프로그램을 개발하려는 경향이 있어 왔다. 따라서 어떠한 특정 이론을 선정하는 지침이나 더군다나 이론의 적용에 대한 지침은 현재로서 거의 전무한 실정이다. 현재까지 발표된 금연 중재 프로그램에 대한 평가 보고서들이 프로그램의 기반이 되고 있는 이론에 대한 분석과 이론적 분석이 어떻게 실행으로 반영되는지에 대해 거의 보고하고 있지 않으며, 이론적 모델을 선택한 합리적 근거조차 제대로 잘 제시하고 있지 않다(Sorenson & Steckler, 2002; Green, 2000).

[그림 1]은 금연을 포함한 건강 행동에 대한 개입을 다차원적으로 행

[그림 1]
생태학적 수준에 따른 행동/
사회심리 이론의 활용

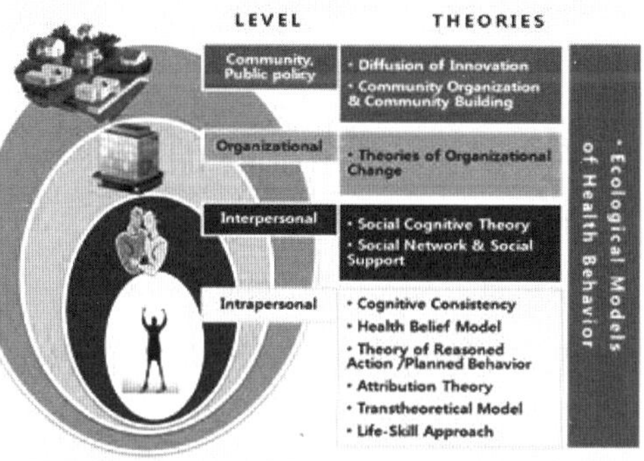

할 때 유용하게 활용될 수 있는 이론들을 제시하고 있다. 제시된 이론들을 바탕으로 이 연구에서는 생태학적 차원에 따라 관련 이론들의 적용을 통한 커뮤니케이션 방법과 전략을 개발해 제시하고자 했다.

2. 다차원적, 위계적 금연 중재 프로그램의 목표 설정

효과적인 금연 중재 프로그램을 기획하고 실행, 평가하기 위해서는 이러한 과정을 이끌어 줄 지침이 필요하다. 프로그램의 목적과 목표는 이러한 지침의 역할을 하면서 프로그램의 방향을 제시할 뿐 아니라 프로그램 평가의 기초를 제공한다(McKenzie et al., 2009).

프로그램의 목적은 프로그램의 총체적인 방향 제시의 역할을 하므로 포괄적으로 표현되는 특성을 지닌다. 반면에 목표는 목적과 관련된 것으로 일정한 기간 내에 성취하고자 하는 구체적이고 측정이 가능한 진술들을 말한다. 건강 증진 프로그램의 목표는 위계적 특성을 갖는 다차원적 목표로 구성되며, 일반적으로 프로그램 목표, 영향 목표, 학습 목표로 설정된다. 프로그램 목표는 프로그램 실행 후 성취될 미래 지향적인 건강 상태의 변화, 사회적 혜택, 또는 삶의 질의 변화로 설정된다. 영향 목표는 보건 문제를 해결하고 프로그램의 목적을 달성하도록 하는 행동과 환경의 변화로, 학습 목표는 영향 목표를 달성하기 위해 수행되어야 하는 교육 및 학습 과업을 말한다.

생태학적 모형을 채택한 금연 중재 프로그램의 목표 역시 개인 및 환경적 요인의 변화를 영향 목표로 설정할 필요가 있다. 이와 더불어 영향 목표 달성을 위한 하위 목표는 학습 목표로, 영향 목표 달성의 결과로 발생되는 건강 성과는 프로그램 목표로 설정되는 것이 바람직하다. 이러한 목표는 각 차원에서 어떠한 성과가 있어야 하는지를 명확하게 제시할 뿐 아니라 평가의 대상을 구체화한다. 금연 중재 프로그램의 목적과 다차원적, 위계적 목표는 〈표 2〉와 같이 설정할 수 있다.

〈표 2〉 생태학적 접근을 적용한 금연 중재 프로그램의 목적과 목표 사례

목표 수준		목표	평가지표
프로그램 목적		자신과 타인의 흡연에 대한 구성원 개개인의 통제력을 강화시키고 금연을 지원하는 환경을 조성함으로써 흡연으로 인한 질병과 사망을 감소시킨다.	
프로그램 목표		주관적 건강 상태를 향상시킨다.	주관적 건강 수준
		흡연 관련 만성질환의 발생률을 감소시킨다.	만성질환의 발생률
		흡연 관련 안전 사고의 발생률을 감소시킨다.	안전사고의 발생률
		흡연 관련 증상과 징후를 감소시킨다.	증상, 징후의 빈도
		스트레스 수준을 감소시킨다.	스트레스 수준
		우울증 수준을 감소시킨다.	우울증 수준
		니코틴 중독 수준을 감소시킨다.	니코틴 의존도
영향 목표	행동 목표	금연 실천율을 증가시킨다.	금연 성공률, 금연 지속률
		금연 시도율을 증가시킨다.	금연 시도율
		비흡연자의 금연 시작을 예방한다.	금연 유지율
		금연 교육, 홍보에 적극적 역할을 수행한다.	금연 권유율
	환경 목표	간접 흡연에의 노출을 감소시킨다.	간접 흡연 노출 시간

<table>
<tr><td rowspan="7">영향
목표</td><td rowspan="7">환경
목표</td><td>금연 캠페인에 대한 인식률을 증가시킨다.</td><td>캠페인에 대한 인식 수준</td></tr>
<tr><td>금연 상담, 금연 서비스의 경험률을 증가시킨다.</td><td>금연 상담 경험률</td></tr>
<tr><td>금연 지도자 교육 프로그램에 대한 경험률을 증가시킨다.</td><td>지도자 교육 경험률</td></tr>
<tr><td>금연 정책을 실시하는 조직 및 기관의 수를 증가시킨다.</td><td>금연 정책 실시 기관 수</td></tr>
<tr><td>금연 상담 및 교육 서비스를 제공하는 조직 및 기관의 수를 증가시킨다.</td><td>금연 교육 실시 기관 수</td></tr>
<tr><td>흡연 관련 질환에 대한 보건의료 서비스의 접근성을 향상시킨다.</td><td>서비스 제공 빈도</td></tr>
<tr><td>금연 시설 및 금연 구역에 대한 지도 단속을 강화한다.</td><td>단속 및 적발 건수</td></tr>
<tr><td rowspan="9">학습
목표</td><td>의향</td><td>금연 의향, 결심률을 증가시킨다.</td><td>금연 행동 변화 단계</td></tr>
<tr><td rowspan="2">지식</td><td>흡연의 부정적 결과에 대한 지식을 향상시킨다.</td><td rowspan="2">흡연/금연 관련 지식 수준</td></tr>
<tr><td>금연의 긍정적 결과, 금연 방법에 대한 지식을 향상시킨다.</td></tr>
<tr><td rowspan="2">인식,
태도</td><td>흡연의 부정적 결과에 대한 인식을 강화시킨다.</td><td rowspan="2">태도 및 의사 결정 균형의 특성</td></tr>
<tr><td>금연의 긍정적 결과에 대한 인식을 강화시킨다.</td></tr>
<tr><td>자기
효능감</td><td>금연에 대한 자기 효능감(금연 시작, 금연 유지)을 발달시킨다.</td><td>자기 효능감 수준</td></tr>
<tr><td rowspan="2">기술</td><td>금연 기술의 습득 및 발달을 강화한다.</td><td rowspan="2">금연 기술 수준</td></tr>
<tr><td>금연 관련 생활 기술(자기 주장 기술, 의사 결정 기술, 자기 관리 기술)의 수준을 향상시킨다.</td></tr>
</table>

3. 생태학적 모형을 적용한 금연 커뮤니케이션 중재 방법과 전략

금연 중재 프로그램의 다차원적 목표가 설정되었으면 대상자의 행동 변화를 위해, 그리고 환경에 영향을 주는 조직과 사회적 요인들을 변화시키기 위해 이론에 근거한 방법과 전략들을 개발해야 한다. 방법이란 개인 또는 집단의 행동, 사회 구조의 변화를 유도할 수 있는 과정을 의미하는 것으로 이론이나 경험적 근거들을 통해 파악된다. 또한 전략이란 중재 방법을 구체화한 수단을 의미하는 것으로, 선정한 방법을 활동으로 전환시키는 것은 전략 개발의 과정을 통해 이루어진다(Bartholomew et al., 2006).

(1) 개인 차원의 금연 중재

개인 차원의 금연 중재 방법을 선정하기 위해 건강 행동의 변화 과정을 설명하는 이론들을 검토하면, 다양한 변화 결정 요인들이 명칭은 다르지만 비슷한 또는 같은 개념인 것을 알 수 있다. 개인 차원에서 가장 보편적으로 활용되는 건강 신념 모형(health belief model), 합리적 행동론(theory of reasoned action)과 계획된 행동론(theory of planned behavior), 범이론적 모형(transtheoretical model)의 구성 요소 및 개인 간 차원의 이론이기는 하나 개인 차원에서 활용 가능한 일부 구성 요소를 비교 분석해 보면, 각 이론에서 제시한 금연 결정 요인의 내용이 반복적으로 제시됨을 알 수 있다(〈표 3〉). 이론 간 비교 분석을 통해 그 중요성이 반복적으로 강조되는 변수들을 파악하는 노력은 금연 중재의 과정과 성과에 대한 좀 더 심층적 이해를 돕고, 우선 순위 금연 중재 방법 결정의 근거가 된다.

건강 신념 모형을 포함한 다섯 가지 이론의 구성 요소를 검토한 결과 개인의 흡연 행동에 영향을 주기 위해서는 금연에 대한 올바른 태도(또는 결과 기대) 형성, 자기 효능감 강화, 올바른 규범에 대한 인식과 타인의 지지 확보, 흡연의 위험에 대한 인식 강화, 금연 의향 형성, 현실적 금연 목적 설정 및 노력의 공식화 등이 우선 순위로 고려되어야 한다는 결과를 얻었다. 물론 이러한 중재 방법들이 실제 구체적인 전략으로 개발되어 실시된 프로그램 사례들을 체계적으로 검토함으로써, 금연에 대한 개인의 올바른 의사 결정과 실천 능력을 길러 주는 중재 방법이 최종적으로 선정되어야 한다.

〈표 3〉 건강 행동 이론에서 제시하는 금연 결정 요인

금연 결정 요인		HBM	TRA	TPB	SCT	TTM
태도에 관련된 믿음	금연의 긍정적 결과를 부정적 결과보다 강조	혜택 장애 요인	태도	태도	결과 기대	의사 결정 균형 pros/cons
자기 효능감 행동 통제에 대한 믿음	금연 실천 능력에 대한 믿음	자기 효능감		인지된 행동 통제	자기 효능감	자기 효능감 /흡연 충동
규범 관련 믿음 및 활동	주위 사람들이 나의 금연을 원함. 금연을 위한 지지	행동의 계기	주관적 규범	주관적 규범	사회적 지지	변화 과정 (조력 관계 형성)
	주위 사람들의 금연 실천				사회 환경 /규범, 모델링	변화 과정 (사회적 해방)
	금연으로 인한 강화 (자신 또는 타인으로부터 받은)	행동의 계기			강화	변화 과정 (강화관리, 자극 조절)
위험 인식과 정서적 반응	흡연 결과에 대한 위험 인식	감수성과 심각성에 대한 인식			정서적 대처 반응/ 환경적 계기에 대한 기대	변화 과정 (극적 안도)
의도/참여/기획	금연 의도, 현실적 금연 목적 설정, 금연을 위한 최선의 노력		행동 의도	행동 의도	자기 통제/ 자기 규제	변화 단계 계획/준비 단계, 변화 과정 (자아 해방)

HBM: Health belief model, TRA: Theory of reasoned action, TPB: Theory of planned behavior
SCT: Social cognitive theory, TTM: Transtheoretical model

이상에서 파악된 금연 중재 방법과 전략을 적용할 때 반드시 고려해야 하는 사항은 금연 실천을 위한 대상자의 변화 단계(stages of change)이다. 프로채스카와 디클레멘티(Prochaska & DiClemente, 1983)는 변화

단계의 개념을 적용해 금연 실천은 시간적 경과에 따라 5단계를 거쳐서 발생하는 현상이라고 설명한다. 즉, 흡연 행동의 변화(금연)에 대한 의도가 없는 계획 전 단계, 변화를 심각하게 고려하는 계획 단계, 곧 있을 변화를 위한 준비를 하고 있는 준비 단계, 행동 변화를 시도하고 있는 행동 단계, 그리고 성공적으로 행동 변화를 유지하고 있는 유지 단계로 구성된다. 따라서 개인이 금연을 시도할 수 있는 시작점은 5단계로 구분할 수 있는데, 일단 개인의 단계가 평가되면 금연 실천을 촉진시키기 위해 각 단계에 적절한 중재 방법과 전략을 적용하게 된다. 프로그램 기획 시 대상자들의 변화 단계를 측정함으로써 대상 집단을 범주화해 변화의 가능성이 높은 집단을 미리 파악하거나 집단에 따른 적절한 프로그램의 요소들을 제공할 수 있으므로 중재 효과가 증가될 수 있으며, 동시에 프로그램을 수행하는 데 시간을 좀 더 효율적으로 사용하는 것을 가능하게 해 준다.

개인의 행동 변화 단계에 따른 중재 프로그램에서 동기 강화 상담(motivational interviewing) 기법은 계획 전 단계부터 유지 단계까지의 진행에 필요한 임무를 성취하도록 도와 준다. 행동 변화에 대해 생각하기 시작하는 단계에 있는 흡연자의 동기와 변화된 행동을 유지하기 위한 동기는 성격이 다르지만 동기 강화는 변화 과정의 초기 단계부터 유지 단계까지 모두 필요하기 때문이다.

동기 강화 상담은 행동 변화의 초기 단계에 있는 내담자들을 상담할 때 활용할 수 있는 매우 탁월한 상담 기법이다. 계획 전 단계에 있는 사람들은 변화에 대한 준비가 되어 있지 않은 상태에서 강의를 듣게 되거나 실천에 필요한 기술 교육을 원하지 않는다. 마찬가지로, 계획 단계에 있는 사람들은 변화에 대해 생각은 하고 있으나 실행에 대해 아직 준비가 되어 있지 않으므로 아직 준비되어 있지 않은데 변화를 시작해야 한

〈표 4〉 대상자별 금연 행동 변화 단계 분포

<table>
<tr><th colspan="2" rowspan="2">대상</th><th rowspan="2">구분</th><th colspan="5">금연 행동 변화 단계(%)</th><th rowspan="2">계(명)</th></tr>
<tr><th>계획 전</th><th>계획</th><th>준비</th><th>행동</th><th>유지</th></tr>
<tr><td colspan="2" rowspan="3">20세 이상 성인[1)]</td><td>남</td><td>9.5</td><td>15.5</td><td>13.2</td><td>8.2</td><td>53.7</td><td>697</td></tr>
<tr><td>여</td><td>4.3</td><td>1.6</td><td>4.3</td><td>4.4</td><td>85.5</td><td>564</td></tr>
<tr><td>전체</td><td>7.1</td><td>9.3</td><td>9.2</td><td>6.5</td><td>67.9</td><td>1,261</td></tr>
<tr><td colspan="2" rowspan="3">20~30대 성인[2)]</td><td>남</td><td>20.2</td><td>23.6</td><td>12.3</td><td>5.5</td><td>38.4</td><td>910</td></tr>
<tr><td>여</td><td>8.2</td><td>5.5</td><td>5.4</td><td>2.7</td><td>78.2</td><td>708</td></tr>
<tr><td>전체</td><td>15.0</td><td>15.7</td><td>9.3</td><td>4.3</td><td>55.8</td><td>1,618</td></tr>
<tr><td colspan="2" rowspan="3">군인[3)]</td><td>남</td><td>20.3</td><td>30.8</td><td>32.0</td><td>4.9</td><td>11.9</td><td>8,468</td></tr>
<tr><td>여</td><td>16.4</td><td>36.4</td><td>23.6</td><td>7.9</td><td>15.7</td><td>140</td></tr>
<tr><td>전체</td><td>20.2</td><td>30.9</td><td>31.9</td><td>4.9</td><td>12.0</td><td>8,608</td></tr>
<tr><td colspan="2">중 · 고등학생[4)]</td><td>전체</td><td>5.6</td><td>3.4</td><td>2.3</td><td>3.9</td><td>83.5</td><td>1,460</td></tr>
<tr><td colspan="2">초등학생(4~6학년)[4)]</td><td>전체</td><td>0.4</td><td>0.9</td><td>0.4</td><td>0.5</td><td>95.4</td><td>769</td></tr>
<tr><td rowspan="3">빈곤[5)]</td><td>초등학생</td><td>전체</td><td>0.9</td><td>1.3</td><td>0.6</td><td>0.6</td><td>96.6</td><td>2,570</td></tr>
<tr><td>중 · 고등학생</td><td>전체</td><td>2.7</td><td>1.2</td><td>0.7</td><td>2.5</td><td>92.9</td><td>364</td></tr>
<tr><td>전체</td><td>전체</td><td>1.2</td><td>1.3</td><td>0.6</td><td>0.8</td><td>96.1</td><td>2,934</td></tr>
</table>

1) 김혜경, 「범이론적 모형에 근거한 성인의 건강 증진 실천행위에 대한 분석」, 이화여자대학교 박사 학위 논문, 2004.
2) 김혜경 · 권은주 · 문순영, 「건강검진 고객의 건강상담 요구도 분석」, 한국건강관리협회 연구보고서, 2007.
3) 김혜경 · 조선 · 현성민 · 권은주 · 박지연, 「2008년도 성인금연교육사업 평가」, 한국건강관리협회 연구보고서, 2009.
4) 김명 · 김혜경 · 김영복 외, 「각급 학교를 통한 건강증진사업 추진전략과 프로그램 개발」, 이화여자대학교 건강증진기금사업지원단, 2005.
5) 김혜경 · 윤청하 · 이은희 외, 「취약지역 빈곤아동을 위한 건강 증진 프로그램 개발」, 한국건강관리협회 건강증진사업지원단, 2007.

다고 강제적인 유도를 하면 이에 저항할 수 있다. 동기 유발의 전략을 활용하면 흡연자가 자신의 상황을 검토할 수 있도록 기회를 제공하며, 변화에 대한 장점과 단점을 비교하고 변화에 대한 의사 결정을 하는 과정을 촉진시킬 수 있다. 이러한 과정은 위협적이지 않으며 지지하는 방식으로 내담자가 자신의 상황에 대한 책임감을 갖도록 격려하게 된다.

동기 강화 상담이 행동 변화의 후반 단계에 있는 내담자들(준비 단계, 행동 단계, 유지 단계)에게도 효과적으로 적용될 수 있다. 밀러와 롤닉(Miller & Rollnick, 1991)은 이것을 동기 강화의 2단계라 부른다. 이 단계의 흡연자들은 변화를 하기로 결심한 상태이다. 중재자들의 역할은 변화하게 되는데, 흡연자들의 동기 유발을 위해 노력하다가 이들이 실행 가능한 계획을 세우며, 변화에 대한 장애를 예상하고 지원 시스템을 파악하는 과정에 개입해 충고와 지도를 하는 입장으로 변하게 되는 것이다. 이 단계에서의 변화 전략은 대부분 행동 중심의 전략이지만 동기 유발이 지속되고 동기 강화 상담의 기본 특성인 공감과 돌봄 형태의 상담에 좀 더 수용적이 되어 성공적인 상담 결과를 가져올 가능성을 높게 한다. 행동과 유지 단계에 있는 내담자들에게 동기 강화 상담은 자기 효능감의 향상과 성취에 대한 강화 제공에 중요한 역할을 하며, 이 두 가지는 장기적인 변화 유지에 필수적인 요소들이 된다. 물론 중재 수행자들이 가장 먼저 해야 하는 일은 내담자가 변화의 사이클에서 어떤 단계에 있는가를 이해하는 것이며, 각 단계에 적절한 도움을 주는 것이다.

〈표 5〉 금연 행동 변화 단계에 따른 동기 강화 상담 기법의 적용

	유형	특성	MI 상담의 방법
계획 전 단계 (PC)	주저형 (reluctant PC)	• 흡연의 문제점에 대한 정확한 정보나 결과에 대해 인식하지 못하고 있는 상태 • 변화에 대해 적극적으로 저항하기보다는 변화를 두려워하거나 변화에 따르는 불편함을 경험하고 싶지 않아 현재의 상태에 안주	• 경청, 공감하는 방식의 피드백 제공 • 금연의 대한 의사 결정의 자유를 주고, 자연스럽게 변화의 가능성을 검토하도록 유도

계획 전 단계(PC)	반항형(rebellious PC)	• 흡연/금연법에 대한 지식이 많고, 금연에 대해 많은 투자(시간과 정력) • 타인의 명령을 싫어하고 상담에 적대적이며 금연에 저항	• 금연에 대한 자신의 강한 감정을 표현할 수 있는 자유 제공. 동시에 에너지를 긍정적인 측면으로 돌릴 수 있도록 유도 • 아무도 자신을 변화시킬 권한이 없다는 것을 인정하면 주장의 힘이 약화 • 다양한 선택권 제시. 전면 금연보다는 부분적인 변화 유도
	체념형(resigned PC)	• 금연에 대해 포기한 상태 • 에너지와 시간의 부족이 특징 • 흡연에 중독이 되어 절제할 수 없다고 인식	• 변화 가능성에 대한 희망 제공 • 변화에 대한 장애 요인 검토
	합리화형(rationalizing PC)	• 흡연에 대해 합리화 경향 • 흡연의 위험 인식이 최소화된 상태 • 흡연의 합리적 근거에 대한 토론 선호	• 공감과 반영적 경청 전략 • 의사 결정 균형 훈련으로 시작. 즉, 현 행동의 좋은 점에 대해 먼저 이야기하도록 요구
계획 단계(C)		• 흡연의 문제점 인식 및 금연 고려 • 금연의 실천과는 거리가 있음. • 만성적인 계획 단계 정체 가능	• 과거 금연 시도 경험 평가 • 흡연 위험 및 금연 혜택 인식 강화 • 개인의 생리 상태와 연관된 정보 제공 • 건강 진단 결과의 제공 및 금연의 긍정적 측면 강조 • 경청, 유양, 피드백, 이중적 반영, 지지, 자기 효능감 향상 전략
준비 단계(P)		• 가까운 미래에 금연 실천 준비	• 금연 약속에 대한 강도 평가 • 금연 실천 계획 • 장애 요인에 대한 대처 방안 계획 • 고객이 스스로 금연 계획을 세울 수 있도록 다양한 대처 방안의 메뉴 제시 • 고객의 의견 존중, 부적절한 대처 방안에 대한 부드러운 주의 제공 • 경청, 반영, 고객의 결심 지원
행동 단계(A)		• 금연을 실천하기 시작 • 변화가 가시적이어서 가장 많이 인정을 받는 단계	• 금연 노력에 대한 공표, 금연 계획에 대한 외부의 인정, 사회적 지지 획득, 자기 효능감 강화, 금연 실천에 대한 모니터링 지원
유지 단계(M)		• 금연 유지를 위해 최선의 노력이 필요한 단계	• 재흡연 예방을 위한 전략 설정 • 재흡연 상황을 배움의 기회로 유도

PC: precontemplation stage, C: contemplation stage, P: preparation stage, A: action stage, M: maintenance stage

(2) 다차원적 금연 중재

현재 당면하고 있는 흡연 문제를 해결하기 위해서는 효과적인 중재 프로그램의 개발 및 전달 메커니즘의 완성이 필요하다. 이를 위해서는 앞서 강조된 바와 같은 생태학적 모형을 적용한 다차원적인 접근 방법과 전략이 개발되어야 한다. 이는 흡연 문제 해결을 위한 중재가 건강 증진 정책 수립을 담당하는 정부, 건강 증진 정책을 시행하거나 옹호하며 프로그램을 운영하는 조직, 건강 증진 및 행동 수정을 추구하는 개인의 측면에서 전개되어야 함을 의미한다.

그러나 건강 행동 변화에 대한 환경적·정책적 맥락의 중요성이 강조되고, 모든 책임을 흡연자에게 전가하는 것의 문제점이 인식되고 있음에도 불구하고 여전히 대부분의 금연 중재 프로그램은 개인 또는 개인 간 차원에 집중되거나 개인, 개인 간, 조직 또는 정책 차원 중 한 차원을 대상으로 영향을 미치고자 하는 경향이 강했다.

이러한 문제를 극복하기 위해 흡연 행동에 대한 개인, 개인과 개인 간의 상호작용, 조직, 지역사회로 접근 차원을 구분해 중재 전략을 수립하고 이를 통합적으로 수행해야 한다. 예를 들어 지역사회 금연 프로그램을 수행하고자 할 때, 개인적 차원에서 자가 테스트 방법을 활용해 개인의 니코틴 중독 수준을 인지시키고, 금연의 긍정적 결과 기대 형성을 도우며, 금연에 대한 자기 효능감을 향상시킴으로써 개인적 행동 변화를 유도하는 한편, 청소년 흡연 및 성인 흡연에 관한 주민 토론회, 간접 흡연의 피해 보고 등을 통해 개개인과 사회가 갖고 있는 집단 결정을 공동체 구성원에게 전달하기도 한다. 또한 조직이나 기관 내 금연 운동 등을 통해 조직의 규범과 문화 변화를 유도하는 한편, 매스컴을 활용한 금연 홍보 등을 통해 지역사회의 변화를 유도하기도 한다. 이러한 노력이 다차원적으로 통합되어 수행될 때 개입의 집중적 수행을 통한 파급 효과를 기대할 수 있게 된다. 〈표 5〉는 생태학적 차원에 따른 금연 중재 방법과 전략을 제시하고 있다.

〈표 6〉 생태학적 차원에 따른 금연 중재 방법과 전략 사례

생태학적 차원	금연 중재 방법	청소년 대상 금연/흡연 예방 중재 전략
개인	• 건강 검진 및 니코틴 의존도 측정 • MI기법을 적용한 금연 상담 • 금연 및 흡연 예방 교육 • 생활 기술 발달 중심 학교 보건교육 • 대중매체를 통한 금연 캠페인	• 정규교육, 방과 후 수업, 특별 활동시간을 통한 지속적인 금연/흡연 예방 교육 • 금연교육 담당 교사 훈련 및 매뉴얼 제공 • 청소년의 흡연 실태와 영향에 대한 소책자 제공 • 흡연 압력 시 거절 기술에 대한 역할극 • 담배 광고의 영향에 대한 비판적 인식 강화를 위한 광고 분석 훈련 • 금연 공익광고 시연을 통한 인식 개선 훈련 • 가족력에 근거한 니코틴 중독 평가 • 흡연 대체 행동 훈련
개인 간	• 금연 자조모임 조직: 멘토링, 버디, self-help 그룹 • 가족 대상 금연 지지 역량 교육 • 동료(또래) 대상 금연 지도자 교육 • 금연을 위한 정서적, 물질적, 정보적, 평가적 지지 강화 • 모델링/관찰학습 기회 제공	• 가족에게 청소년의 흡연 문제, 학교 금연 정책, ESFA 등에 초점을 맞춘 정보 제공 • 청소년과 그 가족을 위한 금연 도우미 서비스 • 학부모 대상의 금연 교육 • 또래 , 담임교사, 학부모 금연 지도자 교육 • 가족 관계 회복 프로그램 제공
조직/기관	• 조직 내 금연 규범(문화) 형성 • 조직 내 금연 규칙 제정 • 금연 실천 촉진을 위한 보상 프로그램 • 금연사업장 조성을 위한 과정 자문 제공 • 직원 금연 촉진을 위한 경영진 대상 금연 교육 • 담배 자동판매기 설치 규제 • 금연 구역 확대 • 금연 실천을 위한 조직 개발 및 조직 간 협력 • 의사소통 네트워크 구성	• 학교 건강 증진 프로그램의 중요성에 대한 학교 관계자 교육 • 금연 뉴스레터 발행 • 교육 담당 교사들을 위한 ESFA 정보지 발행 • 교실당 1~2명의 금연 도우미 지정 • 금연 도우미 훈련 및 매뉴얼 보급 • 금연 포스터, 엽서, 스티커, T셔츠, 금연 보조 제품 등의 보급 • 금연의 날 기념행사 실시 • 학교 금연위원회 구축 • 학교 금연 정책(학생, 교직원, 학부모 대상)

지역사회/ 공공정책	• 지역보건소에서의 금연/흡연 예방 프로그램 제공 • 금연 프로그램 실시를 위한 재정적인 지원 • 교육자료 공유를 위한 정보센터 설립 • 금연 전화상담 서비스 실시 • 지역사회 주민 금연지도자 교육 • 시민자율단체 구성 • 흡연자 금연 지원 정책 및 프로그램 실시 • 소외계층을 위한 보건복지 정책 실시 • 대중매체의 금연 캠페인 • 금연 홍보물 제공 • 금연 사회분위기 조성 사업 • 감시 및 연구 체계 확립: 미성년자에게 담배 판매, 담배 회사의 판촉 활동, 광고 규제 사항, 인터넷 금연 정보, 금연 관련 연구 • 금연 구역 확대 • 금연 행사: 캠프, 순회교육, 공모전, 전시회 등 • 흡연자 건강 검진 및 사후관리 서비스 • 흡연 규제 정책 강화 • 담배 판매 규제 정책 강화	• 아동 · 청소년을 대상으로 담배를 판매하는 판매점, 업소에 대한 단속 강화 • 청소년 밀집 공공장소에 금연 포스터 부착, 금연 엽서 보급 • 아동 청소년 대상 금연/절주 포스터 경연대회 • 금연의 날 행사 버스로 청소년센터 방문 (금연 연극 및 자료 제공) • 금연의 날에 교육인적자원부 및 보건복지부의 고위정책 결정자 및 매스컴을 통한 금연/흡연 예방에 관한 세미나 개최 • 지역사회 보건소 및 의료기관의 금연 클리닉 서비스 연계

생태학적 모형을 적용한 다차원적 노력은 미국 성인의 흡연율을 1965년 42%에서 2005년 21%로 감소시킨 주요 요인으로 보고되고 있다(Centers for Disease Control and Prevention, 2006). 다차원적 접근의 금연 중재에 빈번하게 활용되는 전략으로 개인 차원에서는 대규모의 개인화된 맞춤형 금연 중재 프로그램, 니코틴 대체 요법, 보건의료인의 금연 상담이 강조된다. 조직 차원에서는 대상자의 특성에 따라 차별화된 맞춤형 프로그램 형태로 제공되는 직장 및 지역사회 기반 금연 프로그램이, 지역사회와 공공정책의 차원에서는 인구집단을 대상으로 뉴스, 정부의 보고서, 매스컴을 통한 금연 캠페인과 함께 실내 흡연 규제, 미성년자에 대한 담배 판매 규제, 담뱃세 인상 정책 등이 포함된다(Glanz et al., 2008).

흡연 행동에 대한 생태학적 접근 전략을 효율적으로 수행하기 위해서는 조직 및 지역사회의 역량을 적극적으로 활용하는 것이 필요하다. 조직과 지역사회 구성원들의 공유된 특성이 건강 행동에 영향을 주게 되어 건강 문제가 발생하기도 하지만 건강 문제 해결을 위해 필요한 지식, 기술, 자원을 가진 구성원들 또한 조직과 지역사회 내에 존재하기 때문에 건강 문제 해결을 위한 해결 단체의 역할을 하기도 한다. 따라서 지역사회 차원의 변수들에 영향을 줄 수 있는 자원과 해결책의 파악에 공동의 노력을 할 수 있는 전략의 개발도 필요하다.

Ⅳ. 맺음말

21세기의 생태학적 모형은 개인과 개인 행동에 대한 광범위한 영역의 영향 요인들을 인식하게 했으며, 개인, 지역사회, 조직, 사회 시스템의 통합을 요구하는 다양한 차원의 건강 증진 접근법을 요구하고 있다. 그러나 기존의 금연 중재 프로그램은 개인 차원의 교육적 접근에 중점을 두는 경향이 있어 개인, 가족, 지역사회 등 사회적 차원 간에 발생하는 상호작용이 무시되는 경향이 강했다. 이와 같은 문제점을 극복하기 위해 이 연구는 흡연의 시작과 유지에 관여하는 다차원적 결정 요인을 분석하고, 이러한 요인들을 변화시키는 보건 커뮤니케이션 방법과 전략을 개발하고자 실시되었다.

좀 더 효과적인 금연 중재의 수행을 위해 보건교육 전문가는 건강 행동이 발생되는 사회적 상황을 함께 고려해 개인, 개인 간, 사회적 관계망, 조직, 지역사회, 그리고 국가적 차원의 개입이 포함되도록 프로그램을 개발할 수 있는 능력을 갖추는 것이 필요하다.

생태학적 모형은 사람들이 환경과 어떻게 상호작용하는지에 대한 이해를 증진시켰다. 건강 증진의 향후 과제는 다양한 차원의 영향 요인들의 작용에 관한 근거를 생산하도록 창조적이며 지속적인 연구를 계속 수행하는 것이다. 건강 행동에 관한 다차원 개입 프로그램의 효과성에 관한 근거, 생산된 근거를 건강 증진으로 전환시키기 위한 노력이 지속되어야 할 것이다.

〈참고 문헌〉

김명 · 김혜경 · 김영복 외, 「각급 학교를 통한 건강증진사업 추진전략과 프로그램 개발」. 이화여자대학교 건강증진기금사업지원단, 2005.

김영복 · 김혜경 · 김명, 「국민건강증진사업의 효율성 증대를 위한 지역사회 보건교육의 추진 방향」. 『보건과 사회과학』 14: 5-28, 2003.

김혜경, 「범이론적 모형에 근거한 성인의 건강 증진 실천행위에 대한 분석」. 이화여자대학교 박사학위 논문, 2004.

김혜경 · 권은주 · 문순영, 「건강검진 고객의 건강상담 요구도 분석」. 한국건강관리협회 연구보고서, 2007.

김혜경 · 윤청하 · 이은희 외, 「취약지역 빈곤아동을 위한 건강증진 프로그램 개발」. 한국건강관리협회 건강증진사업지원단, 2007.

김혜경 · 조선 · 현성민 · 권은주 · 박지연, 「2008년도 성인금연교육사업 평가」. 한국건강관리협회 연구보고서, 2009.

질병관리본부, 「2009년 지역사회건강조사 결과」. 2010.

Bartholomew, L. K., G. S. Parcel, G. Kok, & N. H. Gottlieb, *Planning health promotion program: An intervention mapping approach*, Jossey-Bass, 2006.

Browning, C. & S. A. Thomas, *Behavioral Change: An evidence-based handbook for social and public health*. Elsevier, 2005.

Centers for Disease Control and Prevention, "Tobacco use among adults-United States, 2005", *MMWR Morbidity and Mortality Weekly Report* 55(42): 1145-1148, 2006.

Cohen, D. A., R. A. Scribner, & T. A. Farley, "A structural model of health behavior: A pragmatic approach to explain and influence health behaviors at the population level", *Preventive Medicine* 30: 146-154, 2000.

Fisher, E. B. et al., *Cigarette smoking in Health Behavior Handbook*. American Psychological Association, 2004.

Glass, T. A. & M. J. McAtee, "Behavioral science at the crossroads in public health: extending horizons, envisioning the future", *Social Science & Medicine* 62(7): 1650-1671, 2006.

Glanz, K., B. K. Rimer, & K. Viswanath, *Health Behavior and Health Education*. Jossey-Bass Publishers, 2008.

Green, J., "The role of theory in evidence-based health promotion practice", *Health Education Research* 15: 125-129, 2000.

Leatherdale, S. T. et al., "A multilevel analysis examining how smoking friends, parents, and older students in the school environment are risk factors for susceptibility to smoking among non smoking elementary school youth", *Preventive Science* 7: 397-402, 2006.

McKenzie, J. F., B. L. Neiger, & S. Thackeray, *Planning, implementing, and evaluating health promotion program*. Pearson, 2009.

Miller, W. R. & S. Rollnick, *Motivational interviewing: Preparing people to change addictive behavior*. New York: Guilford Press, 1991.

Ory, M. G., P. J. Jordan, & T. Bazzarre, *The Behavior Change Consortium: Setting the Stage for a New Century of Health Behavior Change Research* 17(5): 500-511, 2002.

Pellmar, T. C., E. N. Brandt, & M. A. Baird, "Health and Behavior: The Interplay of Biological, Behavioral, and Social Influences", *American Journal of Health Promotion* 16(4): 206-219, 2002.

Perry, C. L., *Creating health behavior change: How to develop community-wide programs for youth*. SAGE Publication, 1999.

Prochaska, J. O. & C. C. DiClemente, "Stages and process of self-change in smoking: Towards an integrative model of change", *Journal of Consulting and Clinical Psychology* 51: 390-395, 1983.

Shumaker, S. A., E. B. Schron, J. K. Ockene, & W. L. McBee, *The Handbook of Health Behavior Change*. Springer Publishing Company, 1998.

Siegel, M., "The effectiveness of state-level tobacco control interventions: A review of program implementation and behavioral outcomes", *Annual Review of Public Health* 23: 45-71, 2002.

Sorenson, J. R., & A. Steckler, "Improving the health of the public: a behavioral-change perspective", *Health Education Research* 17(5): 493-494, 2002.

Wiium, N. & B. Wold, "An ecological system approach to adolescent smoking behavior", *Journal of Youth Adolescence* 38: 1351-1363, 2009.

Wilcox, P., "An ecological approach to understanding youth smoking trajectories: problems and prospects", *Addiction*, 98(suppl1): 57-77, 2003.

제2부

소설 · 회화 · 춤과 커뮤니케이션

안티고네와 여성 언어의 수행성*

– 오정희의 「저녁의 게임」을 중심으로 –

김미현

Ⅰ. 머리말: 안티고네적 여성 언어

여성문학에서는 신화나 고전 작품 속 여성을 통해 여성성이나 모성성의 변화된 의미를 규명함으로써 그 현재적 의미를 재조명한다. 대표적인 예가 안티고네(Antigone)라고 할 수 있다. 안티고네는 오이디푸스의 딸로서, 어머니와 결혼할 것이라는 신탁을 피하지 못해 몰락의 길에 들어선 아버지를 끝까지 보살폈을 뿐 아니라, 매장이 금지된 오빠 폴뤼네이케스를 매장해 줌으로써 삼촌이자 왕인 크레온과 대립한 후 자살에 이른 여성이다. 이런 안티고네의 삶은 그 자체에 복합적인 의미가 내포되어 있기에 흔히 안티고네에 대한 해석이 "문화적 시금석"[1]으로 간주되기도 한다.

대표적인 예를 들면, 게오르크 헤겔(Georg W. F. Hegel)은 공동체의 관점에서 안티고네를 국가법에 대항하면서 친족법(가족법)을 주장한

---

* 이 논문은 『우리말 글』 제49권(2010년)에 「오정희 소설의 우울증적 여성 언어」로 게재되었음.

1 한정숙, 『여성은 이렇게 말했다』, 도서출판 길, 2008, 137쪽.

'공공의 적'이라고 비판한다. 반면 자크 라캉(Jacques Lacan)은 억압적인 상징 질서로부터의 '급진적 분리'를 감행한 윤리적 주체로 안티고네를 상정한다. 또한 페미니스트 이론가인 루스 이리가레이(Luce Irigaray)는 안티고네를 남성 중심적 법에 맞서 싸운 여성적 법의 대표이자 여전사로 자리매김한다. 하지만 주디스 버틀러(Judith Butler)는 라캉의 입장을 관념적이라고 비판하고, 이라가레이의 주장도 이분법적 본질주의라고 비판한다. 버틀러에 의하면 안티고네는 친족 규범과 젠더 규범을 모두 위반한 불순한 주체이다. 안티고네 자체가 아빠가 오빠이기도 하고, 오빠가 조카이기도 한 근친상간의 산물이기에 친족법을 대표할 수 없다. 또한 남성 중심적인 국가법에 저항하면서도 '남자답다' 혹은 '아들 같다'는 칭송을 듣는 '남성적' 여성이기에 젠더 규범 또한 교란시킨다. 그 때문에 안티고네는 그 어떤 최종적인 동일시도 거부하는 모호하면서도 비순수한 주체라는 것이다.[2]

흥미로운 것은 버틀러가 주장한 안티고네의 이런 모호하고도 불순한 정체성이 안티고네의 언어에서도 확인된다는 사실이다. 안티고네는 법으로 금지된 오빠의 매장 여부에 대해 묻는 크레온(국가, 법, 남성)의 질문에 "나는 내 행동을 부인하지 않겠습니다(I will not deny my deed)"라고 대답한다. 이런 대답은 나는 억지로 부인하기를 거부할 것이라는 말이자, 내가 부인하지 않게 될 것이 '나의 행위(my deed)'라는 말이다. 이것은 부인을 부인하는 것이지만, 딱히 그 행위를 주장하는 것도 아니다. '제가 그 행동을 했습니다'라고 단호하게 그 행위를 인정하는 것은 아니기 때문이다.

이처럼 안티고네는 긍정문 속에서 부정문을 발화한다. 그녀는 할 수

2 주디스 버틀러, 『안티고네의 주장』, 조현순 옮김, 동문선, 2005, 13-22쪽.

있는 일을 하지 않은 것이 아니라, 하지 않는 것을 하겠다고 말한다. 이것은 '긍정의 부정'이 아니라 '부정의 긍정'이다. 즉, 부정의 거부를 통해 이중 부정을 보여 준다. 그리고 크레온의 명령에 따르기를 거부하면서도, 거부하던 바로 그 통치권의 말투를 사용한다. 그럼으로써 권위에 대한 저항과 수용을 동시에 보여 준다. 강력한 저항도, 분명한 거부도 모두 확실하게 보여 주지 않음으로써 모호하고 미결정인 채로 남아 있는 것이 바로 안티고네의 언어이다.[3]

이런 안티고네의 여성 언어적 특성에 주목할 때 오정희 소설 속 여성 언어의 특수성과 보편성을 동시에 고려할 수 있다. 기존 연구에서는 주로 오정희 소설에 대해 그로테스크 · 트라우마 · 일탈 · 광기 · 죽음 등의 이상(異常) 심리와 신경증적 욕망 등의 내용적 측면에 주목하거나, 아이러니 · 모호성 · 불확실성 · 이중성 등의 문체적 측면에 주목했다. 그리고 이런 내용과 표현을 직접적으로 대응시키면서 여성문학적 의의를 살펴보는 데에 초점을 맞추었다. 억압당하는 여성들을 통해 가부장적 이데올로기에 의한 상처 혹은 그에 대한 저항을 보여 준다는 것이다.[4] 하지만 이 글에서는 오정희 소설 중에서 제3회 이상문학상을 수상한 그녀의 대표작이자 수수께끼와 같은 혼란스러운 서사 문법을 전형적으로 보여 주고 있는 「저녁의 게임」(1979)[5]을 중심으로 오정희 소설의 언어가 지니는 안티고네적 특성을 규명해 봄으로써 기존 연구의 한계를 극복해 보려 한다. 남성성과 여성성을 이분법적인 대립 관계에서만 파악하거나, 여성문학적 의의를 무조건 환원론적 입장에서 인정하는 기존 논의들을

---

3 주디스 버틀러, 앞의 책, 23-30쪽.

4 오정희 소설 연구 관련 대표적인 논문과 참고 문헌, 서지 사항 등은 『오정희 깊이 읽기』(우찬제 엮음, 문학과지성사, 2007)를 참조할 것.

5 오정희, 「저녁의 게임」, 『유년의 뜰』, 문학과지성사, 1981. 앞으로 본문의 인용은 이에 의거해 제시함.

통해서는 오정희 소설이 지닌 중층성과 복합성, 모순과 갈등, 모호성과 불확실성에 대해 있는 그대로 주목할 수 없기 때문이다.

좀 더 구체적으로 부연하면, 안티고네적 여성 언어의 특성과 오정희 소설의 연관성에 주목할 때 다음과 같은 시도가 가능하다. 첫째, 오정희 소설의 특성으로 알려진 난해함의 여성적 근원이나 그 심리적 메커니즘을 좀 더 심층적으로 규명해 볼 수 있다. 오정희 소설에 대해 '휴화산의 내부'[6], '빛과 어둠의 이중 문체'[7], '개와 늑대 사이의 시간'[8] 등으로 요약할 수 있는 날카로운 접근들이 이미 이루어졌다. 그리고 이런 평가에서 드러나듯이 오정희 소설에서는 정반대되는 의미들(휴화산 · 빛 · 개/내부 · 어둠 · 늑대)이 공존하면서 삶에 대한 입체적 시각을 보여 주는 측면이 강하다. 하지만 오정희 소설의 특성을 단지 표면/이면, 긍정/부정, 일상/내면 등의 대립항들이 공존하는 '양상'에서가 아니라 서로 적극적인 길항 작용을 통해 서로에게 침투하고 서로를 오염시키는 '행위'에서 찾기 위해서는 그 원인과 과정에 더욱 주목할 필요가 있다. 정태적 양상이 아닌 동태적 행위의 차원에서 대립적 의미들에 접근할 때만이 오정희 소설의 모호함과 불확실성을 그 자체로 의미 부여할 수 있기 때문이다.

두 번째로는 안티고네적 여성 언어를 통해 '여성적 글쓰기'로 논의되는 오정희 소설의 여성 언어적 특성이 본질적이고 통일적인 것이 아님을 밝혀낼 수 있을 것이다. 오정희 소설에서 여성 인물들은 여성 언어가 별도로 존재하지는 않는다는 것, 여성 언어조차도 분열과 변화를 일으킨다는 것, 여성 언어 자체가 남성 언어와 이분법적인 대립만을 보여

---

6 이남호, 「휴화산의 내부」, 『문학의 위족2』, 민음사, 1990, 123–131쪽.
7 황도경, 「빛과 어둠의 이중 문체」, 『문학사상』, 1991. 1, 328–352쪽.
8 김화영, 「개와 늑대 사이의 시간」, 『문학동네』, 1996. 가을, 469–503쪽.

주는 것이 아니라 상호 교차되면서 서로에게 오염된 언어를 생산한다는 것 등을 여실히 보여 준다. 이런 양상들을 통해 여성 언어가 지닌 불안정성과 모호성, 미결정성과 불확실성에 대한 새로운 의미 부여가 가능해질 것이다.

Ⅱ. 가부장적 '호명(呼名)'의 패러디

장님이 된 아버지를 버리지 않고 끝까지 돌보는 안티고네의 모습은 효녀 심청을 연상케 한다.[9] 「저녁의 게임」에서도 어머니가 기도원과 정신병원을 전전하다가 죽은 후 마치 아무 일도 없었던 듯 일상을 유지하는 아버지를 견디지 못해 아버지와의 "더러운 게임"(115쪽)을 그만두고 가출한 오빠와 달리, 딸인 '나'는 아버지와 함께 생활하며 마치 심청처럼 그 곁을 지키고 있다. 그런데 이 소설의 대부분에서 이런 아버지와 딸의 죽음과 다름없는 일상 혹은 삶 속에 깃든 무의미한 일상에 대한 치밀하고도 세세한 묘사에 할당되어 있다.[10] "모든 것은 어제와 다름없이 잘 되었다"(102쪽)는 말에 미묘한 균열을 일으키면서 이런 아버지와 '나' 사이의 대립과 갈등을 보여 주는 두 가지 행위가 바로 '거짓말하기'와 '화투치기'이다.

먼저 '거짓말하기'는 아버지와 '나'가 주고받는 대화에서 잘 드러난다. '나'는 "얘야, 까치가 어느 쪽을 보고 우니?"(104쪽)라는 아버지의 질문에 "잘 안 보인다니까요"(105쪽)라며 거짓말을 한다. 아버지 또한 그날 새로 걸어놓은 목욕탕 수건을 보고 "더럽고 축축하더라"(106쪽)라는 거짓

9 한정숙, 앞의 책, 2008, 141쪽.
10 김미현, 「죽음과 삶의 이중주」, 『문학사상』, 1999. 3, 141–145쪽.

말을 하며 새 수건을 찾는다. "이걸 봐라, 벌써 며칠째나 편지함에 있던 거다"(116쪽)라며 전기세 고지서를 들이미는 아버지의 말 또한 거짓말이다. 아버지는 집 나간 오빠의 소식을 기다리며 하루에 열 번쯤 우편함을 열어보기 때문이다. 이처럼 이들 부녀는 서로 질문하고 그에 대답하지만 거짓말을 통해 속마음을 감추거나 속이면서 서로 어긋나는 말들을 나눈다.

이렇게 볼 때 질문에 대답을 한다는 면에서 아버지와 '나'는 서로 연결되어 있다. 하지만 거짓으로 대답을 주고받는다는 점에서 아버지와 '나'는 서로 단절되어 있다. 지배 이데올로기는 자신의 이데올로기를 재생산하기 위해 체제에 유리하도록 개인을 주체로 호명한다. 그리고 이런 호명에 응할 때 지배 이데올로기의 종속에서 벗어날 수 없다.[11] 아버지는 '나'를 충성스러운 '가부장제의 딸'로 호명한다. '나'는 이런 아버지의 이데올로기적 호명에 응답함으로써 충성스러운 효녀의 역할을 수행한다. 하지만 '나'는 아버지의 호명을 그대로 수행하지 않고, '삐딱하게' 수행한다. 아버지의 호명에 완전히 복종하지 않고 잉여 부분을 남김으로써 완전한 복종도, 완전한 저항도 하지 않는 불확실하고 미결정적인 딸의 정체성을 보여 주고 있기 때문이다.[12]

다음으로 '화투치기'는 소설의 제목인 '저녁의 게임'을 직접적으로 지칭하면서, 앞의 '거짓말하기'보다 더욱 심화되고 첨예화된 부녀지간의 갈등을 보여 준다. 부녀는 매일 저녁 식사 후 화투를 친다. 그러나 화투는 닳고 닳아 뒷면만으로도 무슨 패인지 알 정도이다. 더구나 아버지는 틈만 나면 '나'의 패를 훔쳐본다. "아버지와 나는 낡고 너덜너덜해진 각본으로 끊임없이 연극을 하고 있었다."(112쪽) 겉으로는 평화롭고 사이

11 다이안 맥도넬, 『담론이란 무엇인가』, 임상훈 옮김, 한울, 1992, 49-50쪽.

12 조현준, 『주디스 버틀러의 젠더정체성 이론』, 한국학술정보, 2007, 207쪽.

좋은 관계를 유지하는 듯하지만, 속으로는 불화와 갈등이 내포되어 있는 것이 이들 부녀지간이다. 그 때문에 화투치기는 아버지와 '나'가 죽음과도 같은 일상을 견디는 놀이이자, 서로의 상처와 고통을 숨기면서도 드러내는 상황극이라고 할 수 있다.

이처럼 "공범끼리의 적의와 친밀감"(116쪽)으로 아버지와 '나'가 위험한 연극을 할 수밖에 없는 이유는 '나'의 어머니 때문이다. 소설 속에 흩어져 있는 정보를 종합해 볼 때 어머니는 오빠와 '나'를 낳은 후 정신이상 증세를 보이다가 '나'의 어린 기형아 동생을 목 졸라 죽인 후 정신병원에서 죽는다. 문제는 이런 어머니의 죽음과 무관하지 않은 아버지를 바라보는 '나'가 딸로서 느끼는 감정이다. '나'는 어머니의 죽음이 불가항력적인 운명의 폭력성 때문임을 '의식'으로는 이해한다. 그러나 '무의식'의 차원에서는 아버지와 자신이 어머니의 고통에 무관심했다는 죄책감에 시달린다. 이런 '나'의 분열된 감정이 자신과 거울 관계에 있는 아버지와의 은닉된 논쟁으로 드러나는 것이다. 그 때문에 소설 속 '나'의 언어는 자신에게 부과된 가부장적 호명에 저항하면서도 복종하는 안티고네의 언어와 유사하다.

> ① 심한 짓을 했다고 생각하지 않으세요? 모르는 소리야, 달리 무슨 수가 있었니. 넌 아직 어렸고 또 무슨 일을 저지를지 몰랐어. 갓난애도 그렇게 없애지 않았니? 넌 마치 네 엄마가 그렇게 된 게 모두 내 탓이라는 투로구나. 잘 보살펴드릴 수도 있었어요. 외려 네 엄마에겐 그곳이 편한 곳이야. 친구들도 있고 가족이란 생각하듯 그렇게 대단한 건 아니야. 너부터도 내심 네 엄마를 가까이서 보지 않아도 된다는 걸 다행스럽게 생각하고 있지 않니? 그전에 번번이 네 혼담이 깨지던 것도 에미 탓이라고 원망했을걸.(113-114쪽)

② 나도 오빠처럼 훌쩍 나가 버릴 수 있을까. 침몰하는 선체에서 구명조끼를 입고 결사적으로 탈출하듯 그렇게 달아나버릴 수 있을까. 나는 매조를 먹을까 칠띠를 깨뜨릴까에 긴장되어 있는 아버지의 얼굴을 새삼스럽게 바라보았다. 좁고 긴 얼굴, 매처럼 구부러진 코 끝은 볼의 살이 빠짐에 따라 더욱 길게 늘어져 보였다. 아가, 날 데려가 다오. 여긴 무섭고 쓸쓸하단다. 그러나 어디나 마찬가지예요. 화투는 아버지의 손에서 내 손으로 옮겨갔다.(115쪽)

인용문 ①에서 어머니의 죽음에 대해 변명하는 아버지를 향해 '나'는 "심한 짓을 했다고 생각하지 않으세요?"라거나 "잘 보살펴드릴 수도 있었어요"라며 저항한다. 이것은 '아버지의 딸'이 아닌 '어머니의 딸'로서의 언어이다. 하지만 '나'의 또 다른 내면 속에는 아버지처럼 병들고 공포스러운 어머니를 방기하고픈 마음이 있다. 이런 무의식을 아버지에게 들킨 후 '나'는 아버지처럼 말하는 데에 장애를 덜 느끼게 되므로 인용문 ②에서처럼 자조적으로 말하게 된다. "아가, 날 데려가 다오. 여긴 무섭고 쓸쓸하단다"라는 어머니의 구명(求命)에의 요구를 "어디나 마찬가지예요"라며 거절할 수 있게 되는 것이다. 이런 '나'의 말은 "네 엄마에겐 그곳이 편한 곳이야"라거나 "가족이란 생각하듯 그렇게 대단한 건 아니야"라는 인용문 ①에서의 아버지의 말에 의해 오염된 상태의 말이라고 할 수 있다. 이 소설의 중층성은 이처럼 가부장적인 아버지에 대한 일방적인 비판이나 책임 전가가 아니라, 허약하고 무정한 딸 자신이 스스로에게 느끼는 어머니에 대한 죄책감의 측면까지 건드린다는 데에서 확보된다.

여기서 중요한 것이 안티고네가 보여 준 '반복 복종'의 행위이다. 안티고네는 아버지(국가)의 법에 복종한다. 그러나 복종하면서도 그 법을 전복시킬 가능성을 포기하지 않는다. 법 '바깥'이 아닌 법 '안'에서 법에 대한 복종을 반복함으로써 법의 재의미화나 재발화를 모색하기 때문이다. 규범을 반복하지만, 그 반복에서 일관성을 이탈함으로써 새로운 의미를 창출할 위험과 가능성을 동시에 만들어 내는 것이 바로 반복 복종 개념이다.[13] 소설 속 '나' 또한 '나'가 반대하는 아버지의 목소리를 전유(專有)함으로써 자기 자신의 진짜 언어를 발화하고 있다. "그게 어디 우리 탓인가요?"(113쪽)나 "정말 그게 우리 탓인가"(113쪽)라며 각각 아버지와 자기 자신에게 내뱉는 '나'의 말들은 어머니의 죽음에 대해 책임을 회피하려는 아버지의 말을 반복하면서도 '정말 우리 탓이 아닌 것은 아니지 않을까요?'라는 무의식적 저항을 동시에 내포하고 있기 때문이다.

또한 안티고네적 '나'의 언어는 침묵을 강요하는 아버지의 언어를 차용하고 활용한다는 점에서 '패러디(parody)'의 언어이기도 하다. '비슷하지만 똑같지는 않게 반복하는', 즉 '차이를 가진 반복'을 통해 원본에 대한 모방(계승)과 저항(도전)을 동시에 보여 주는 것이 패러디이기 때문이다.[14] 가부장적 이데올로기에 기반한 아버지의 언어를 비틀면서 자신의 언어를 드러내려는 것이 바로 패러디의 언어가 지닌 정치성(精緻性)이다. 반대되는 것을 포함하는 '이중 거부'가 바로 반복 복종과 패러디의 공통점이기 때문에 가능한 언어 전략이다.

이러한 패러디적 여성 언어의 전략은 지배 이데올로기의 호명에 저항하는 방법 중에서 '반동일화(反同一化)'가 아닌 '비동일화(非同一化)'와도 연결될 수 있다. 반동일화는 무조건 지배 이데올로기에 저항하지만 사실은 그와 공모하기 쉽다. 반면 비동일화는 지배 이데올로기에 '편승

13 주디스 버틀러, 앞의 책, 2005, 30쪽.

14 린다 허천, 『패러디 이론』, 김상구 · 윤여복 옮김, 문예출판사, 1992, 12–17쪽.

하는 동시에 저항하는' 제3의 방법이다.[15] 그 때문에 원본을 '모방하면서 동시에 비트는' 패러디의 방법과 유사하다. '나'는 아버지의 호명에 무조건 저항하는 것이 아니라 복종하는 듯하면서 거기에 저항하는 유동성과 불확실성을 보여 준다. 그 때문에 안티고네와 '나'는 가부장적 이데올로기에 대해 반동일화가 아닌 비동일화에 기초한 언어적 저항 전략을 모두 구사한다고 할 수 있다.

Ⅲ. 모성적 '노래'의 복화술(腹話術)

영어권에서는 어머니를 뜻하는 단어인 'mother'를 '(m)other'로 표기해 최초의 타자로서의 어머니의 위치를 나타낸다. 주체가 경험하는 최초의 타자가 바로 어머니이기 때문이다.[16] 프로이트 정신분석학은 부친 살해의 숙명에서 출발한다. 하지만 멜라니 클라인(Melanie Klein)은 프로이트적 아버지의 위치에 어머니를 세운다. 자식들이 최초의 욕망을 불러일으키는 원초적 어머니로부터 욕망을 철회하고 거리두기를 함으로써 독립적 주체를 형성하면서 언어를 습득하게 된다고 보기 때문이다.[17] 그런데 「저녁의 게임」 속 '나'는 어머니와의 완전한 분리에 실패함으로써 언어가 아닌 '노래'의 단계에 머무르면서 온전한 주체에 이르지 못하고 있다. 노래는 언어화 이전의 단계, 어머니와의 비분리 단계를 나타내는 '언어 이전의 언어'에 해당한다.

「저녁의 게임」에서 어머니의 노래에 대한 '나'의 체험은 '자장가'와 '비

15 다이안 맥도넬, 앞의 책, 1992, 53–54쪽.

16 전영백, 「크리스테바와 멜랑콜리 미학」, 『세잔의 사과』, 한길아트, 2008, 79쪽.

17 줄리아 크리스테바, 『정신병, 모친 살해, 그리고 창조성: 멜라니 클라인』, 박선영 옮김, 아난케, 2006, 214–224쪽.

명'으로 양극화되어 있다. 자장가는 평화로운 노래이고, 비명은 처절한 노래이다. '나'는 어머니의 이 두 노래 사이에서 우울증을 앓고 있다. 어머니의 자장가도 비명처럼 들리기 때문이다. 평화로운 자장가가 허락되지 못할 때, 즉 아이에 대한 모성적 베풂이 불가능할 때 어머니들의 노래는 모두 비명일 수밖에 없다. 그리고 어머니의 자장가에서 비명을 동시에 듣는 딸들은 우울증을 앓을 수밖에 없다. 우울증은 어머니에 대한 애도에 실패할 때 발생한다. 애도는 사랑하던 대상에 대한 리비도를 회수해서 일시적으로 내투사(introjection)했다가 최종적으로 슬픔을 극복하게 되는 반면, 우울증의 경우에는 리비도의 회수 과정에서 대상 자체가 주체의 몸에 합체(corporation)되어 버림으로써 슬픔의 극복이 불가능해진다. 특히 금지되거나 배제된 대상에 대한 애정은 그것이 억압되기 때문에 더욱더 극복이 불가능한 우울증적 동일시를 초래한다.[18] '나'의 어머니에 대한 사랑도 가부장제의 질서 안에서는 억압되고 금지되어야 할 것이다. 그래서 상실했지만 완전히 떠나보내지 못한 어머니가 '나'의 자아를 우울증적 주체로 만든다. 그리고 반대되는 것을 동시에 내포하면서 비논리적이고 모순적인 양상을 보여 주는 우울증적 언어를 발화하게 한다.[19] 흔히 의식의 흐름 수법에 토대를 둔 자동기술적 언어를 사용하기에 모호하고 난해하다는 평가를 받아온 오정희 소설의 문체적 특성도 여기에 기인한다고 할 수 있다.

이런 우울증적 언어가 여성적인 복화술과 연관될 수 있는 것은 '이중적 발성(double-voicing)'의 성격 때문이다. 여성의 복화술은 여성이 '질

18 조현준(2007), 앞의 책, 229쪽 참조.

19 김승희는 박인환과 고은의 전후시를 대상으로 애도와 우울증의 언어를 연구하면서 애도적 언어의 특성으로는 '호격의 근원적 절규, 의인법, 호격, 이름의 반복, 작별의 허구를 반복하기' 등을, 우울증적 언어의 특성으로는 '모순어법, 비논리, 역설, 뒤죽박죽의 언어' 등을 들고 있다. 김승희, 「전후시의 언술 특성: 애도와 우울증의 언어」, 『한국시학연구』, 제23호, 2008, 123–152쪽.

서'와 '무질서'에 동시적으로 협력 관계를 맺고 있기에 가능하다. 그래서 여성들은 말하지 않으면서도 어떤 목소리가 들리게 하거나, '이렇게' 말한 것을 '저렇게' 듣도록 만들 수 있다. 이처럼 '다르게 들리기'라는 '불일치'의 효과[20]를 기대할 수 있는 것은 어머니처럼 힘없는 자는 '억압받는 자의 수사학'에 해당하는 복화술을 통해 지배 이데올로기에 대한 전복을 꾀할 수 있기 때문이다.[21]

①「밤에 우는 건 나빠. 애들이 극성을 떨면 꼭 집안에 좋지 않은 일이 생기거든.」

「저도 몹시 울었다면서요?」

수국 껍질을 모아들이며 나는 아버지의 말을 받았다.

잘 자라, 내 아기 밤새 편히 쉬고 아침이 창 앞에 다가올 때까지.

「네 에민 목청이 좋았었지.」

그건 사실이었다. 유치원 보모였다는 어머니는 퍽 많은 노래를 알고 있었고 목소리가 고왔던 만큼 노래 부르기를 즐겨했다.

자장자장 우리 아가, 금자둥이 은자둥이 구슬 같은 눈을 감고 별빛 같은 눈을 감고 꿈나라로 가거라.(111쪽)

② 네 아버지의 생활이 문란해서 그런 거야. 머리통이 물주머니처럼 무르고 크게 부풀어오른, 연골체의 갓난아이를 가리키며 어머니는 조숙한 중학생이었던 오빠에게 노래하듯 말했다. 란도셀의 끈이 끊어져 통통 골이 나서 집에 돌아왔을 때 어머니는 햇빛이 드는 창가에 거울을 놓고 앉

20 엘리자베스 D. 하비, 『복화술의 목소리』, 정인숙 · 고현숙 · 박연성 옮김, 문학동네, 2006, 13-14쪽, 67쪽, 117-118쪽.

21 잉그리트 자멜, 『페미니즘 언어학과 대화분석』, 권영수 · 김종수 옮김, 대구가톨릭대학교출판부, 2003, 43쪽.

아 머리를 빗고 있었다. 아기는? 내가 묻자 어머니는 고드름처럼 차가운 손가락을 목덜미에 얹으며 말했다. 인형을 사 줄께. 병원에서 호송차가 왔을 때 어머니는 식탁 아래로 기어들었다. 아가, 난 싫어. 좀 말려 줘. 그리고는 호송인들에게 반짝 어깨를 들리워 나가며 내가 안 보일 때까지 고개를 비틀어 보이며 소리쳤다.(113쪽)

인용문 ①에 등장하는 "잘 자라, 내 아기 밤새 편히 쉬고 아침이 창 앞에 다가올 때까지"와 "자장자장 우리 아가, 금자둥이 은자둥이 구슬 같은 눈을 감고 별빛 같은 눈을 감고 꿈나라로 가거라"는 넉 달 전 이층에 세 들어 온 여자가 자신의 우는 아이를 달래는 노랫소리이다. 하지만 아버지와 '나' 모두에게 여자의 자장가는 어머니의 자장가를 연상시킨다. 그리고 그 노랫소리는 노래 자체가 아니라 인용문 ②에서와 같은 비명이 복화술로 전달된다. "네 아버지의 생활이 문란해서 그런거야"라는 비난과 원망의 말을 어머니가 "노래하듯" 오빠에게 전달하고 있기 때문이다. 이 때의 자장가와 비명은 어머니가 성생활이 문란했던 남편과 그로 인해 기형으로 태어난 자식에 대해 갖는 양가적인 감정의 여성 언어적 표현이라고 할 수 있다.

「저녁의 게임」에서는 "네 엄마에게 다산(多産)은 무리였어. 아주 조그만 여자였거든"(113쪽)이나, "동자혼(童子魂)이 쓰인 거라더군"(113쪽), "뙈년들보다 더 더러웠지. 죽자고 목욕을 안 해도 향수는 꼭 뿌리곤 했어. 워낙 사치하고 허영심이 많았거든"(120쪽)이라는 아버지의 어머니에 대한 가부장적 복화술 또한 등장한다. 어머니에 대한 객관적 진술을 하는 듯하면서도 어머니의 병적이고 그로테스크한 면을 부각시켜 가부장적인 교훈을 피력하거나, 여성의 욕망을 폄하함으로써 남성 중심적 이데올로기를 효과적으로 전달하고 있기 때문이다.

하지만 소설 속 어머니에 의해 전유된 여성의 복화술적 목소리는 이런 아버지의 복화술을 재도용한다. 어머니의 노래는 아버지의 언어를 효과적으로 침묵시키고, 이층 여자로 하여금 어머니를 대신해서 말하게 하며, 단정적이고 논리적인 남성 언어의 경계를 허물어뜨린다.[22] 그 때문에 이 소설 속에 오염되지 않은 언어는 없다. 젠더에 따라 서로 다른 목적을 지닌 이면(裏面)의 말들, 말로 되지 않을 것 같은 말들, 분열된 무의식의 말들이 복화술적인 발화 행위를 통해 언표화되고 있기 때문이다.

Ⅳ. 여성적 '웃음'의 도착화(倒錯化)

「저녁의 게임」에서는 Ⅱ절에서 살펴본 것처럼 아버지에 투사된 '나'의 어머니에 대한 죄의식이나, Ⅲ절에서 드러나듯이 어머니에 대한 우울증적 동일시 때문에 '나'로 하여금 정체성을 형성하는 데 혼란을 주고 있다. 그리고 이처럼 어머니에 대한 모호하고 미결정적인, 그렇기에 상황에 따라 다르게 수행되는 딸로서의 정체성은 '나'의 여성으로서의 정체성에도 영향을 미친다. '나'가 남성과 맺는 관계가 '나'와 어머니와의 관계를 또다시 반복하는 양상을 띠기 때문이다. '나'에게 남자는 또 다른 어머니인 것이다. 소설 속에서 '나'와 관련 있는 남자는 두 명이다. '나'보다 훨씬 어렸던 십년 전의 열아홉 살 '그애'와, 지금 현재 '나'의 집 근처 공사장에서 인부로 일하는 '그'가 그들이다. '나'는 이 두 명의 남자와 만날 때 모두 '마른 꽃냄새'를 맡는다. 그런데 그 마른 꽃냄새는 어머니가 자신을 구해달라고 '나'에게 보낸 편지들에서 나는 냄새이자, 죽은

22 엘리자베스 D. 하비, 앞의 책, 2006, 282쪽.

어머니의 시체에서 나던 냄새이기도 하다.

이처럼 남자들과의 관계 속에서 반복 재생산되는 '나'와 어머니와의 우울증적 동일시를 통해 볼 때 소설 속 '나'의 우울증은 장소보다는 시간에 좌우됨을 알 수 있다. 우울증적 대상인 어머니는 '나'의 기억의 산물이기에 주관적 구축물에 해당한다. 그런 기억 속에서 과거는 흘러가지 않고, 선/후라는 개념도 무의미해진다.[23] 어머니의 죽음 이후 '나'의 시간은 정지된 듯 어떤 목표를 향해서도 나아가지 못하고 있는 형국이다. 어머니의 자장가를 현재 시간으로 불러냄으로써 어머니와의 동일시를 이룬 것처럼, 어머니의 마른 꽃냄새를 자신이 만나는 남자들에게 부여함으로써 '나'는 다시 한 번 어머니를 부활시킨다.

어머니와 겹쳐지는 두 남자와 '나'와의 우발적이고도 일탈적인 성적(性的) 만남은 언어의 반복을 통해서도 확인된다. '나'는 '그애'와 "리본이 안 어울려요. 그래 나는 붉은 리본을 묶기에는 너무 나이를 먹었어. 미치광이나 창부뿐이지"(114쪽)라는 말을 나눈다. 그리고 '그'와 성교를 나누며 '나'는 그 때의 말을 "꽃이 안 어울려요. 그래 꽃을 꽂기에는 너무 늙었어. 미친 여자나 창부가 아니면 머리에 꽃을 꽂지 않지"(118쪽)로 변주해서 다시 기억해 낸다. 여기서 "미치광이"나 "미친 여자"는 '나'의 어머니를, "창부"는 '나'를 연상시키면서 어머니와 '나'와의 친연성을 암시한다고 할 수 있다. 그리고 어울리지 않는 두 남자와의 관계가 어머니의 불행한 죽음으로 인한 외상(外傷)으로부터 연유했음을 유추하게 한다.[24] '나'는 남자들과의 관계에서 창녀가 됨으로써 어머니와 다시 한

---

23 줄리아 크리스테바, 『검은 태양: 우울증과 멜랑콜리』, 김인환 옮김, 동문선, 2004, 80–81쪽.

24 황도경 또한 "오정희 인물들의 기이하고 파격적인 성적 관계는 사실 죽은 이들과 닮은 등가물을 통해 그들에게로 돌아가려는 꿈을 담고 있다. 그들의 성관계를 묘사하는 대목들이 대개 물이나 달, 어머니 등의 모성 상징과 연결되어 나타나고 있다는 것도 이들의 뒤틀리고 일그러진 성관계를 단순히 성적 윤리의 파괴라는 차원에서 바라볼 수 없게 한다"고 날카롭게 지적하고 있다. 하지만 황도경은 오정희 소설의 뒤틀린 성이 "생명 부재의 현실과 그에 비례해 더욱 커지는 강한 생명력

번 조우한다.

다음의 인용문에서 '나'가 남자들과의 관계를 통해 어머니를 성적(性的)으로 전유하는 양상이 잘 드러난다.

①「돈이 좀 있으면 줘.」

그가 멈칫 했다. 나는 내처 말했다.

「몸이 좋지 않아서 약을 먹어야 돼. 많이 달라곤 안 해.」

그가 이 사이로 찌익 침을 뱉으며 낮게, 빌어먹을이라고 중얼거렸다.

「첨부터 순순히 굴더라니, 세금 안 내는 장사니 좀 싸겠지.」

그가 부시럭거리며 담배를 꺼내 입에 물고 불을 붙이는 시늉으로 성냥을 그어 길게 오는 불꽃을 내 얼굴 가까이 대었다. 나는 불꽃을 보며 길게 입을 벌려 웃어 보였다.(119쪽)

② 나는 찬 방바닥에 몸을 뉘었다. 아버지가 아직 방에 들어가는 기척이 없다는 걸 떠올리며 나는 빈 집에서처럼 스커트를 끌어올리고 스웨터도 겨드랑이까지 걷어 올렸다. 자박자박 여전히 아이를 재우는 여자의 발소리는 머리 위에서 들려왔다. 금자동아 은자동아 세상에서 귀한 아기. 나는 누운 채 손을 뻗어 스위치를 내렸다. 방은 조용한 어둠 속에 가라앉기 시작했다. 이윽고 집 전체가 수렁 같은 어둠 속으로 삐그덕거리며 서서히 잠겨들기 시작했다. 여자는 침몰하는 배의 마스트에 꽂힌, 구조를 청하는 낡은 헝겊 쪼가리처럼 밤새 헛되고헛되이 펄럭일 것이다. 나는 내리누르는 수압으로 자신이 산산이 해체되어 가는 절박감에 입을 벌리고 가쁜 숨

에의 욕구를 나타낸다"고 결론내림으로써 오정희 소설의 성을 일원론적으로 파악하면서 '모성=생명'이라는 전형적 도식으로 다시 회귀하는 측면이 있다. 황도경, 「뒤틀린 성(性), 부서진 육체」, 『욕망의 그늘』, 하늘연못, 1999, 70쪽.

을 내쉬며 문득 사내의 성냥 불빛에서처럼 입을 길게 벌리고 희미하게 웃어 보였다.(120쪽)

인용문 ①에서 '나'는 '그'와 성관계를 맺은 후 "돈이 좀 있으면 줘"라고 말함으로써 스스로를 창녀로 만든다. '그'와의 관계가 성적 만족이나 사랑이 아닌 존재론적 일탈 자체에 있음을 나타내는 말이기도 하다. 이처럼 남자에게 돈을 요구하는 이유로 제시되는 "몸이 좋지 않아서 약을 먹어야 돼"는 사실 '나'가 아닌 정신병자가 된 어머니가 과거에 했던 말이다. 이로써 '나'의 말은 어머니의 말과 겹쳐지고, '미친 여자'와 '창부'의 이미지 또한 합쳐진다. 그 때문에 인용문 ①의 끝에서 웃는 '나'의 웃음은 어머니나 자기 자신을 미친 여자나 창부로 만든 남자들 혹은 가부장적 이데올로기에 대한 조소(嘲笑)라고 할 수 있다.[25] 성적으로 문란했던 아버지의 행위를 그대로 모방함으로써 그런 아버지의 부당함을 고발하려는 반항적 웃음이기 때문이다.

인용문 ②는 '나'가 집으로 돌아온 후 자위(自慰)하는 장면이다. '나'가 자위를 할 때 들리는 소리는 이층 여자 혹은 어머니의 "금자동아 은자동아 세상에서 귀한 아기"라는 자장가이다. 또다시 '나'의 성행위가 어머니와의 우울증적 동일시와 관련 있음을 나타내는 증거이다. 인용문 ②에서 두 번 나타나는 3인칭 대명사 '여자'는 이층 여자임과 동시에 어머니일 수도 있기 때문이다. 따라서 어머니를 성적으로 전유한 '나'의 반응인 인용문 ②에서의 웃음은 자기에 대한 처벌이자 죄책감의 표현이라고 할 수 있다. 이런 이유로 인용문 ①에서와는 달리 "사내의 성냥 불빛에서처럼" 웃어 보이는 인용문 ②에서의 웃음은 실소(失笑)라고 할

25 엘렌 식수, 『메두사의 웃음/출구』, 박혜영 옮김, 동문선, 2004, 210쪽.

수 있다. “자신이 산산이 해체되어 가는 절박감”에서 나오는 웃음이기 때문이다. 저항이 아닌 좌절의 웃음인 것이다.[26]

결국 소설 속에서 여성적 웃음은 성적 웃음이 되고, 성적 웃음은 모성적 웃음과 연결되면서 가부장적 질서에 대한 저항과 좌절 사이의 모호한 거리를 체감하게 하는 ‘몸의 언어’로 작용하고 있다. 조소와 실소 사이에서 균열을 일으키고 있는 욕망의 도착성(倒錯性)을 그대로 보여 주면서 남성 중심적 질서에 대한 공격과 그로 인한 여성의 상처를 동시에 문제 삼는 웃음이기 때문이다. 즉, 사디즘과 마조히즘을 오고 가는 도착적 성욕을 통해 남자 혹은 어머니에 대한 적대와 연대 사이에서 불안하게 떠돌고 있는 것이 바로 소설 속 ‘나’의 (여)성적 웃음이라고 할 수 있다.

Ⅴ. 맺음말: 우울증적 여성 언어의 수행성(遂行性)

안티고네는 언제나 자신이 의도한 것 이상을 의미하는 언어를 수행한다. 앞에서 살펴보았듯이 안티고네의 주장 자체가 가부장적 이데올로기에 대한 분명한 긍정도 아니고 완벽한 부정도 아니기에 겉으로 드러난 언어의 의미를 교란시키면서 새롭게 읽힐 가능성을 제시하기 때문이다. 안티고네가 일관성을 상실한 비순수의 언어 행위를 실천하고 있

26 이런 맥락에서 「저녁의 게임」에 나타난 여성 섹슈얼리티를 수태나 성교와는 무관한 여성만의 독자적인 섹슈얼리티가 긍정된 경우로 고평(高評)하면서 이 소설의 결말(‘나’의 자위 행위)을 어머니와의 정신적 연대를 통해 나름대로 아버지의 질서에 맞서고자 하는 자위(自衛) 행위로 본 김경수의 논문(「가부장제와 여성의 섹슈얼리티: 오정희의 〈저녁의 게임〉론」,『현대소설연구』, 제22집, 2004)은 이 소설이 지닌 저항적 측면을 정치하게 지적하고 있어 시사하는 바가 크다. 하지만 ‘나’의 웃음이 지닌 자조(自嘲)적 성격을 다소 과소 평가하고 있으며, 오정희 소설이 지닌 대항담론적 성격을 가능성의 측면에서 조심스럽게 지적하고 있지만 다소 과대 평가한 측면도 있다. 거부나 비판 자체가 저항일 수는 없다. 오정희 소설은 저항과 수용 사이에서 불안하게 흔들리고 있기 때문이다.

기 때문이기도 하다.[27] 그리고 이런 언어의 특성은 안티고네가 남자(아버지, 오빠)를 자신 안에 합체한 '남자 같은' 여자이자, 어머니에 대한 애도에 실패한 퀴어(queer)적 젠더 주체로서 우울증적 언어를 발화한다는 사실과도 관련 있다.

오정희의 소설 「저녁의 게임」에서도 '나'는 어머니와의 분리에 토대를 둔 애도에 실패했기 때문에 '아버지(Ⅱ절)-어머니(Ⅲ절)-남자(Ⅳ절)'와의 관계에서 각각 '효녀-광녀(狂女)-창녀'의 경계를 넘나들면서 불순한 우울증적 언어를 생산해 내고 있다. 효녀가 되라는 가부장적 아버지의 호명을 따르는 듯 거스르면서 패러디적 언어를 구사하고(Ⅱ절), 자신을 구해달라는 어머니의 애원을 간과했다는 죄책감으로 인해 자장가마저 비명으로 바꾸는 어머니의 복화술을 들어야만 한다(Ⅲ절). 어머니와의 관계를 되비추는 남자들과의 일탈적 성행위 때 유발되는 '나'의 웃음 또한 가부장적 질서에 대한 거부와 저항 사이를 불안하게 왕래하도록 만든다(Ⅳ절). 우울증적 여성 언어를 통해 상반대되는 의미들의 전유와 교차, 침해와 오염, 통합과 분리가 수시로 일어나고 있기 때문이다.

이런 우울증적 여성 언어는 '수행성(performativity)'의 개념과 연결되면서 좀 더 구체적인 의미를 지니게 된다. 수행성 개념은 영국 철학자인 오스틴(J. L. Austin)의 화용론(話用論, speech act theory)에 근거를 둔 것으로서, 진위(眞僞)를 기술하는 진술적(constative) 언어가 아닌, 행동이 수반되는 언어가 강조된다.[28] 단순히 정보를 전달하면서 진위를 중시

27 조현순, 「모호한 욕망의 주체, 비순수의 우울한 젠더 주체 안티고네: 딸이면서 여동생, 여자이면서 남자?」, 『안티고네의 주장』(역자 해설), 164–165쪽.

28 임옥희, 「언어의 수행성과 젠더의 가장 무도회」, 『주디스 버틀러 읽기』, 여이연, 2006, 54–60쪽 참조. 버틀러는 '수행(perfoemance)'과 '수행성(perfomativity)'을 구분하면서 전자보다 후자를 강조한다. 수행이 어떤 주체를 전제로 하면서 자유로운 유희나 연극적 자기 재현을 의미한다면, 수행성은 좀 더 탈주체적인 측면에서 주체의 자율성 부분을 더 약화시키고 주체를 형성하는 제도나 담론의 효과를 더욱 강조한다.

하는 진술문이 아니라 구체적인 실천 행위를 유발하는 수행문에 주목한다면, 우울증적 여성 언어의 특성을 이해할 수 있게 된다. 수행적 언어는 고정되거나 일원적인 본질적 주체의 상정 자체가 불가능함을 알려 주기 때문이다. 이런 맥락에서 수행성과 우울증은 본질적 정체성이나 순수한 의미를 거부하면서 재의미화와 재배치를 강조한다는 점에서 공통점이 있다. 수행성과 우울증 모두 자신만의 독자성이나 순수성을 주장할 수 없기 때문이다. 그런 점에서 오정희 소설의 안티고네적 여성 인물들은 우울증적 여성 언어의 수행성을 잘 보여 준다고 할 수 있다.

또한 여성 언어의 수행성은 기존의 '여성적 글쓰기' 개념이 빠지기 쉬웠던 위험과 오해로부터 벗어날 수 있는 근거를 마련해 준다. 버틀러의 안티고네적 젠더 정체성이 강조하는 것처럼 젠더 개념 자체가 '환상'에 불과하기에 공통적 범주나 본질적인 속성일 수 없다면, 여성적 글쓰기 또한 존재할 수 없는 개념이라는 것이다. 본질적인 여성성이 없다면, 본질적인 여성 언어 또한 없다. 남성성과 여성성 자체가 이미 서로의 내부에 이질적 타자로서 상대를 '구성적 외부(constitutive outside)'로 내포하고 있기 때문이다. 그렇다면 여성 범주의 일관성이나 통일성에 대한 주장은 젠더 정체성에서의 수많은 문화적 · 사회적 · 정치적 다양성을 거부한다는 문제점이 있다. 여성 범주의 다양성 안에서 구체적인 여성 '들'의 배치가 구성되기 때문이다.[29] 따라서 여성 언어는 존재(being)하지 않고 수행(doing)될 뿐이다.

오정희의 「저녁의 게임」 속 '나'의 언어에도 아버지의 호명, 어머니의 노래, 일탈적 자아의 웃음 등이 혼재하면서 여성 언어의 수행성을 잘 보여 주고 있다. 여성 언어 안에 남성 언어가 침투해 있기도 하고, 아버

조현준, 앞의 책, 2007, 462쪽.

29 주디스 버틀러, 『젠더트러블』, 조현준 옮김, 문학동네, 2008, 111쪽.

지의 딸처럼 이야기하다가 어머니의 딸임이 상기되기도 하며, 가부장적 질서에 저항하다가도 그것을 그대로 수용하는 자세를 보이기도 한다. 오정희가 지향하는 여성성 혹은 문학성은 남성/여성, 긍정/부정, 저항/수용 등 대립하는 두 항의 어느 한쪽에 치우쳐 있거나 둘 사이의 성급한 화해를 위해 통합되거나 고정되는 것이 아니라, 두 항의 중간에 낀 '사이 공간(in-between)'에서 끊임없이 움직이고 있기 때문이다. '둘 중 하나'가 아니라 '둘 다'이거나 '둘 다 아닌' 미결정성과 불확실성이 삶과 젠더, 그리고 언어의 본질이라는 것이다.

이처럼 오정희는 초기 소설에 속하는 「저녁에 게임」에서부터 우울증적 여성 언어를 통해 이런 수행성을 잘 보여 줌으로써 이후의 소설들까지 아우를 수 있는 징후나 단서를 제공하고 있다. 그리고 오정희 소설 속 우울증적 여성 언어의 수행성은 여성 언어의 절대성과 본질성을 거부하면서 그 구분 불가능성과 잠재성을 강조함으로써 오히려 여성 언어의 외연을 확장시킨다. 여성 언어는 '부재하는 것'이 아니라 '변화하는 것'이라는 결론을 통해 여성성과 여성 언어의 도식성과 허상을 깨뜨려 주었다는 데에 오정희 소설의 여성문학적 의의 또한 역설적으로 존재한다.

〈참고 문헌〉

김경수, 「가부장제와 여성의 섹슈얼리티」, 『현대소설연구』 제22집: 1-11, 2004.

김미현, 「죽음과 삶의 이중주」, 『문학사상』 3: 141-145, 1999.

김승희, 「전후시의 언술 특성: 애도와 우울증의 언어」, 『한국시학연구』 제23호: 123-152, 2008.

김화영, 「개와 늑대 사이의 시간」, 『문학동네』 가을: 469-503, 1996.

우찬제(엮음), 『오정희 깊이 읽기』, 문학과지성사, 2007.

이남호, 「휴화산의 내부」, 『문학의 위족 2』, 민음사, 1990.

임옥희, 『주디스 버틀러 읽기』, 여이연, 2006.

전영백, 『세잔의 사과』, 한길아트, 2008.

조현준, 『주디스 버틀러의 젠더정체성 이론』, 한국학술정보, 2007.

한정숙, 『여성은 이렇게 말했다』, 도서출판 길, 2008.

황도경, 「빛과 어둠의 이중문체」, 『문학사상』 1: 328-352, 1999.

______, 『뒤틀린 성, 부서진 육체, 욕망의 그늘』, 하늘연못, 1999.

다이안 맥도넬, 『담론이란 무엇인가』, 임상훈 옮김, 한울, 1992.

린다 허천, 『패러디 이론』, 김상구 · 윤여복 옮김, 문예출판사, 1992.

엘렌 식수, 『매두사의 웃음/출구』, 박혜영 옮김, 동문선, 2004.

엘리자베스 D. 하비, 『복화술의 목소리』, 정인숙 · 고현숙 · 박연성 옮김, 문학동네. 2006.

잉그리트 자멜, 『페미니즘 언어학과 대화분석』, 권영수 · 김종갑 옮김, 대구가톨릭대학교출판부, 2003.

주디스 버틀러, 『안티고네의 주장』, 조현순 옮김, 동문선, 2005.

______, 『젠더 트러블』, 조현준 옮김, 문학동네, 2006.

줄리아 크리스테바, 『검은 태양: 우울증과 멜랑콜리』, 김인환 옮김, 동문선, 2004.

______, 『정신병, 모친살해, 그리고 창조성: 멜라니 클라인』, 박선영 옮김, 아난케, 2006.

기본 자료

오정희, 「저녁의 게임」, 『유년의 뜰』, 문학과지성사, 1981.

한국 현대 미술에 나타난 모성 도상의 의미*

오진경

Ⅰ. 머리말

예로부터 인간은 우주와 자연의 섭리를 모성과 연관지어 이해해 왔다. 출산과 수유의 능력을 가진 어머니는 새로운 생명의 창조자로서의 의미를 지니면서 삶의 풍요를 관장하는 대지의 여신으로 신격화되기도 했다. 이러한 모성 개념은 이후 모든 이에게 태어나고 성장한, 그리고 다시 돌아가고 싶은 고향의 의미에 연계되기도 하고, 크게는 자신의 국가와 민족의 원천으로 이해되기도 한다.

모성에 대한 여성주의적 성찰은 여성학자들이나 페미니스트적 시각을 지닌 미술사가들에 의해 활발하게 논의되고 있는 화두이다. 2012년 5월에 이화여자대학교 박물관에서 열린 두 개의 기획전, 〈모성: 한국 미술 속의 어머니〉전과 〈모성: 아시아 미술 속의 어머니〉전은 이러한 시대적 관심사를 반영한 전시회라고 할 수 있다. 모성에 관한 담론을 조

---

* 이 논문은 『美術史論壇』 제34권(2012년)에 게재되었음.

형화한 페미니스트 미술가들의 작품을 소개하는 전시는 쉽게 접할 수 있지만, 과거 미술부터 최근의 작품들까지 모성 도상(母性圖像)의 의미를 역사적으로 조망해 보는 전시는 그리 많지가 않다는 점, 특히 국내에서는 시도가 거의 없었다는 점에서 두 전시는 미술사적인 의미가 크다고 하겠다. 〈아시아 미술 속의 어머니〉는 각 국가가 처한 특수한 정치 문화적 배경 속에서 모성의 의미를 다양하게 해석하고 있는 아시아의 현대 미술 작품을 소개하는 국제전이었다. 한국, 중국, 일본, 대만, 방글라데시, 인도 등 아시아의 미술가들은 모성에 내재된 본질적인 힘의 표현, 여성에게 가해진 폭력의 역사와 그에 의한 어머니의 고통과 사랑에 관한 이야기, 동성애와 같은 첨예한 사회적 이슈를 통해 제도화된 모성에 대한 문제 제기 등, 다양한 주제와 접근 방식으로 모성의 개념을 재해석했다. 이 전시회에서 특히 흥미로웠던 점은, 아시아 각국의 미술에 나타난 모성 도상은 그 나라만의 문화적인 독자성을 보여 주기도 하지만, 부권 중심의 전통 사회 속에서 여성에 대한 통제가 서구에 비해 오래 지속되었던 대부분의 아시아 국가들이 근대화 과정에서 겪을 수밖에 없었던 정치적 소용돌이를 공유하기 때문에, 그 모성 개념에 상당한 부분 유사점이 존재한다는 사실이다. 각국의 작가들이 경험한 문화적인 차이에도 불구하고 그들의 작품에 등장하는 모성 도상은 전 인류에게 공통적으로 받아들여진 모성의 보편적 의미와 함께 아시아 국가들이 역사적으로 겪었던 정치적 사건들에 기인한 사회적 의미를 동시에 함축하고 있는 것이다.

애드리엔 리치(Adrienne Rich)는 모성 개념을 크게 두 가지로 구분할 수 있다고 했는데, 그 첫째가 어떤 여성이든 출산을 하고 자녀를 양육할 수 있는 잠재적인 능력을 지닌다는 의미이고, 두 번째가 그러한 잠재성이 남성의 통제 아래 머무르게 하는 것을 목적으로 하는 제도적 의미이다.[1] 한국 현대 미술 작품 속에 재현된 어머니상을 중심으로 시대에 따라 다양하게 해석되는 모성 도상의 의미를 알아보고자 하는 이 연구 역시 크게 이 두 가지 측면에서 접근하고자 한다. 모성 도상의 의미가 근본적으로는 서로 긴밀하게 연계되어 있기는 하지만, 논지의 전개를 위해 우선 출산 및 양육에 관련된 위대한 어머니(Great Mother)의 시각에서 그 의미를 살펴보고, 제도적인 맥락에서 모성 도상의 정치적이고 사회적인, 그리고 문화적인 의미를 고찰해 보겠다.

Ⅱ. 위대한 모성

1. 신성한 대지의 어머니

최초의 인류가 등장한 이후 척박한 자연환경과 싸우며 삶을 이어가야 했던 인간은, 종족의 번식과 풍요로운 양식을 기원하는 의미에서 모성을 신성과 자연의 섭리에 연계해 이해했다. 기원전 20000년의 것으로 추정되는 빌렌도르프의 비너스상에서부터 시리아 지방에서 발견된 기원전 3500~3000년의 모성 신상, 기원전 3300년 것으로 추정되는 에콰도르의 아이를 바치고 있는 어머니상, 랴오닝(遼寧) 지역에서 출토된 기원전 4500~3000년의 여성상, 그리고 한국의 경주 황남동에서 출토된 5~6세기의 출산 토우(土偶) 등은 다산과 풍요를 기원하는 그러한 원시종교의 특성을 보여 주는 모성상이다.

모성이 만물의 풍요, 곡식의 재배와 수확, 계절의 주기, 인간과 자연

1 Adrienne Rich, *Of Woman Born: Motherhood as Experience and Institution*, New York: W. W. Norton & Co. 1976, 13쪽.

[도 1]
한애규, 〈지모신〉, 1993년,
테라코타, 74.0×36.0×81.0cm

의 관계를 관장한다고 믿는 여성 중심적인 범신론은 동서양의 모든 문화와 신화에서 찾아볼 수 있다. 한국의 탄생 신화에 나오는 마고할미, 노고할미, 설문대할망, 개양할미 등, 크다는 의미의 '한'과 '어미'가 결합한 '할미'로 불리는 여신들은 바로 위대한 어머니 또는 위대한 여신(Great Goddess)과 관련된 도상이다. 19세기 말의 민화에서 볼 수 있는 〈제석할머니〉, 〈호구별성〉, 〈삼부인〉, 〈삼불제석〉 등은 출산과 수명, 질병 등을 관장하는 여신상으로, 오랫동안 전승되어 온 위대한 어머니 개념이 민간신앙과 결부되면서 무속신앙의 무신상이나 불교의 관음보살과 통합된 도상으로 그려진 것이다. 신성과 연계된 모성은 한국에 천주교가 전파되면서 제작된 기독교 종교화에서도 나타난다. 채용신의 〈운낭자상〉(1914)이나 배운성의 〈여인과 두 아이〉(1930), 장우성의 〈성모자〉(1960)는 아기 예수를 안고 있는 완벽하게 정숙한 여성(virgo intacta)인 성모 도상에 한국적인 해석을 병합해 재현한 작품이다.

신성한 어머니로서의 모성은 현대 미술가들의 작품에서도 찾을 수 있는데, 예로 한애규의 〈지모신〉([도 1])을 들 수 있다. 땅을 느끼게 하는 붉은 색의 테라코타로 제작된 여성은 원시 비너스상처럼 유방과 복부, 그리고 둔부가 과장되어 있고 두 손에 꽃과 벼 이삭을 들고 있어, 그녀

[도 2]
서대승, 〈임신한 여인〉 연작, 2002년, 디지털 잉크젯 프린트

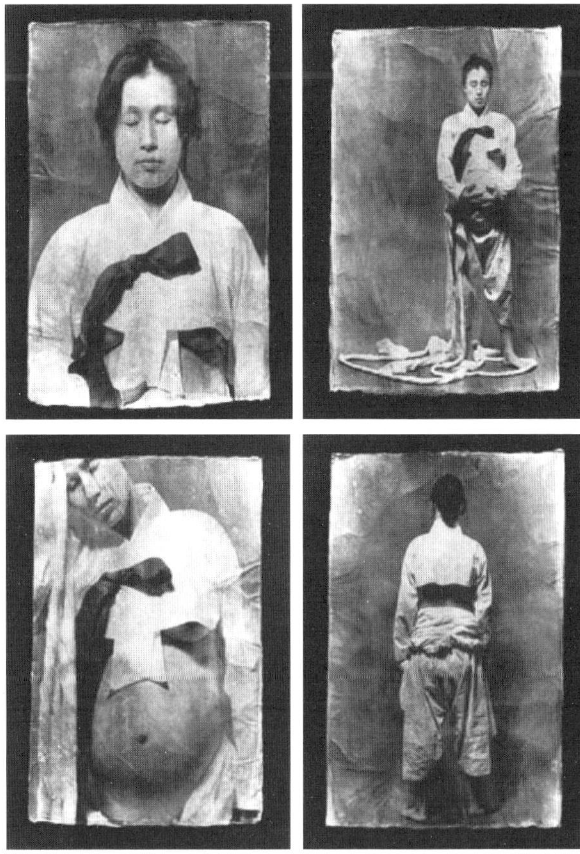

가 세상 만물의 탄생과 풍요로움을 관장하는 대지의 여신임을 한눈에 알아보게 한다. 그녀의 또 다른 테라코타 작품 〈바람맞이 no.1〉(2010) 역시 대지의 어머니로서의 부드럽고도 숭고한 모성을 느끼게 하는 작품이다.

남성이든 여성이든 모든 인간은 어머니의 몸을 통해 세상에 태어난다는 보편적인 생물학적 경험은 모성을 대지의 개념과 연계해 해석하게 한다. 애드리엔 리치는 어머니(mother)라는 단어가 진흙물질을 나

[도 3]
조병덕, 〈향〉, 1980년, 캔버스에 유채, 98.0×71.3cm,
이화여자대학교 박물관 소장

타내는 "madre, mutter, mater, materia, moeder, modder" 등의 단어와 매우 유사하다는 것을 지적하면서, 그 의미는 시대에 따라 다소 달라질 수 있지만 대지로서의 어머니(Mother Earth)는 언제나 통용되는 호칭이라고 설명했다.[2] 서대승의 사진 작품 〈임신한 여인〉([도 2])은 근대기 한국 여성의 임신한 모습을 연출한 것으로, 그녀의 몸을 휘감고 있는 백색의 무명천은 여성의 자궁과 아기를 이어 주는 탯줄을 암시하면서 생명의 근원지인 대지로서의 어머니를 이야기하고 있다.

이 밖에도 모성을 자신이 태어난 원천이자 다시 돌아가고 싶은 영원한 고향으로 해석한 조병덕의 〈향〉([도 3])과 같이 작가의 향수가 어린 작품과, 모성을 민족과 민중의 근원적 힘으로 표상화한 신학철의 〈대지〉(1984), 농민 어머니의 강인함을 표현한 김인순의 〈어머니의 땅〉(1994)과 같은 작품들에서도 모성은 대지의 어머니로 나타난다.

2 Adrienne Rich, 앞의 책, 1976, 108쪽.

2. 양육자로서의 어머니

(1) 아이를 돌보는 어머니

어머니는 인간의 출생부터 성장하기까지 자녀를 먹이고 보살피면서 건강하게 길러 내는 양육자이기도 하다. 조선 시대 문헌인 『태교신기(胎教新記)』는 태아를 보호하고 교육하기 위해 어머니가 지켜야 했던 전통적인 태교법을 담은 문헌으로, 임산부에게 요구되었던 단정하고 정숙한 몸가짐에 대한 엄격한 가르침이 담겨 있다.[3] 또한 『사소절(士小節)』에도 어린아이를 건강하고 올바르게 양육하기 위해 부녀자가 유의해야 할 태도를 자세히 적고 있다.[4]

어린 자식을 따뜻하게 입히고 건강하게 돌보기 위해 정성껏 바느질하고 수를 놓는 여성은 전통적으로 가장 바람직한 어머니의 모습이었다. 조선 시대 현모양처의 좋은 예로 이야기되는 신사임당의 실을 감는 조신한 모습을 재현한 이용우의 〈사임당 신씨부인도〉(1938)는 전통적으로 양잠이나 자수와 같은 수공예 작업이 여성의 미덕으로 여겨졌음을 짐작

---

3 『태교신기』 제1장, 제4절에는 임신한 어머니가 취해야 할 태도를 자세히 기록하고 있다. "지아비(夫) 姓을 받아서 그 성을 아버지에게 돌려 보낼새 孕胎한 그 열 달 동안을 공히 그 몸을 함부로 못하나니 禮가 아니어든 보지 말며 예가 아니어든 듣지 말며 예가 아니어든 입으로 말하지 말며 예가 아니어든 움직이지 말며 예가 아니어든 생각지도 말아서 마음과 지각과 온몸으로 모두 順하고 바르게 하여 그로써 그 자식을 기른 것이 어미의 도리니 女傳에 가로되 婦人이 자식을 배매 잠자리를 기울여 옆으로 자지 아니하며 앉기를 한편 구석으로 하지 아니하며 서기를 기대거나 발돋움하지 아니하며 邪氣로운 음식을 먹지 아니하며 자른 것이 바르지 않거든 먹지 아니하며 돗자리가 바르지 아니하거든 앉지 아니하며 눈에 邪氣로운 빛은 보지 아니하며 귀에 淫亂한 소리를 듣지 아니하며 밤에는 樂人으로 하여금 詩經을 외우게 하며 바른 일을 이야기하게 하나니 이렇듯이 하면 자식을 낳으매 얼굴이 端正하고 재능이 남보다 뛰어나다 하리라."

4 『士小節』 제7권에는 아이를 양육할 때 어머니가 주의해야 할 점들을 기술한 내용이 나온다. "바늘을 옷깃에 꽂지 말라. 이는 젖 먹는 아이가 찔릴까 두려워함이다. 아이가 젖꼭지를 물고 자게 하지 말라. 이는 체하여 소화되지 않을까 두려워함이다. 갓난아이를 누일 때 반드시 베개를 바르게 하라. 이는 그 머리통이 삐뚤어질까 두려워함이다. 그리고 창 가까이 밝은 곳에 누이지 말라. 이는 눈동자가 서로 모일까[사팔뜨기] 두려워함이다. 포대기와 요를 더럽게 하여 남의 눈을 번거롭게 하지 말라. 무릇 이것 몇 가지 것으로도 족히 부인의 자세하고 깨끗한 마음을 알아볼 수 있는 것이다." 국립도서관 소장, 『士小節』 제7권, 원본을 번역한 『新完譯 사소절』(명문당, 1993) 참고.

[도 4]
이유태, 〈여인 3부작-정〉, 1943년, 종이에 채색
198.0×142.0cm, 삼성미술관 리움 소장

케 하는 작품이다. 〈모성〉 전과 연계해 이화여자대학교 박물관이 개최한 국제 학술 심포지엄에서 아키코 야마사키(Akiko Yamasaki) 교수는 일본 근대 사회에서 수공예는 좋은 아내, 현명한 어머니처럼 국가 이익에 이바지하는 구성원이 되기 위해 여성이 배워야 할 필수적인 교육 과정이 되었음을 설명했다. 또한, 어머니가 가족을 위해 했던 무보수 수공예 작업을 국가적 차원에서 장려함으로써 일본의 가부장적 사회는 전쟁과 자본주의의 발전으로 당면하게 된 노동력의 공백을 저렴한 여성의 노동력으로 메우고자 했다고 분석했다.[5]

아이를 돌보는 어머니상은 가부장제가 강화된 근대 사회에 들어서면

5 〈모성〉전과 연계해 이화여자대학교 박물관은 아시아 5개국의 미술사가들과 큐레이터, 그리고 여성학자들이 모여, 각국의 정치 · 문화적인 독자성과 함께 아시아 국가의 보편성까지 논의해 볼 수 있는 국제 학술 심포지엄 「아시아 미술에 나타난 모성」을 개최했다. 여기에서 대만 국립미술대학교의 레이 밍추(Lai Ming-chu) 교수는 대만 미술사에 나타난 어머니의 기호를 시대사적으로 분석한 논문을 발표했고, 이화여자대학교의 홍선표 교수는 한국 미술 속에 등장하는 모성상을 대모와 현모로 파악해 그 의미를 설명했다. 싱가포르 국립미술관의 선임 큐레이터인 조이스 팬(Joyce Fan)은 사진 및 퍼포먼스 등 다양한 매체를 사용하는 작가 아만다 헝(Amanda Heng)의 작업에 함축된 모성 개념을 분석했으며, 치앙마이대학교의 솜폰 로드분(Somporn Rodboon) 교수는 모성애 관점에서 태국 현대 미술가들의 작품을 고찰했다. 그리고 나라여자대학교의 아키코 야마사키(Akiko Yamasaki) 교수는 근대 일본의 가부장적 사회에서 수공예 작업이 어머니의 미덕이요 사랑의 행위로 인식되면서, 자본주의 구조 속에서 여성의 노동이 하위 단계의 노동력으로 운용되도록 하는 것에 일조했음을 밝혔다. 『모성: 한국 미술 속의 어머니/아시아 미술 속의 어머니』, 이화여자대학교 박물관, 2012, 120-185쪽 참고.

서 더욱 제도적이고 정치적인 의미를 얻게 된다. 18세기 프랑스 미술에 나타난 '행복한 어머니상'을 분석한 캐럴 던컨(Carol Duncan)은 근대 부르주아 사회가 그 진보성에도 불구하고 여성에게는 또 다른 속박을 가하게 되었다고 지적한 바 있다. 즉, 부권 중심의 소단위 가정이 모든 사회조직의 기본 단위가 되면서, 여성은 가정 내에서 가족과 아이를 보살피며 행복을 느끼는 모성애를 강요받았고, 결과적으로 공공 활동에 참여할 기회를 박탈당하게 되었다는 것이다.[6] 일본의 식민 지배와 더불어 근대기에 접어든 한국의 미술에도 유럽의 행복한 어머니상처럼 시대와 사회가 요구한 현모양처 도상이 자주 등장한다.[7] 이유태의 〈여인 3부작-정〉([도 4])은 중상류층 여성으로 보이는 어머니가 단정한 자세로 앉아 사내아이를 안고 있는 모습을 그린 작품이다. 정숙하고 아름다운 자태의 그녀는 가문을 이을 아들의 어머니라는 사실에 자부심을 느끼는 듯 곱게 차려 입힌 어린 아들을 감싸안고 행복한 표정을 짓고 있다. 이 시기 이러한 모자상은 식민 자본주의 경제하에서 여성들에게 요구된 전형적인 현모양처 이데올로기를 보여 주는 도상이며, 해방 후의 한국 미술에도 일정 기간 지속적으로 나타난다.

배정례의 〈봄〉([도 5])은 딸아이와 함께 한가로이 정원의 꽃과 나비를 감상하고 있는 중상류층 어머니상이 재현된 작품이다. 이 모녀상은 일반적으로 많이 그려진 아들을 안고 있는 모자상과는 또 다른 의미를 내

---

6 Carol Duncan, "Happy Mother & Other New Ideas in French Art," *The Art Bulletin* vol.55, no.4, 1973, 570–583쪽 참조.

7 조혜정 교수는 일본의 지배를 받아 식민 자본주의 경제가 전개되고 가정과 일터의 분리가 나타나면서 남성을 주경제생산자로 하는 중산층이 형성되었고 이 계층에서 대가족의 지배를 벗어나는 핵가족과 현모양처상이 대두되었다고 말한다. 이 근대적 가족의 특징은 부부간의 엄격한 역할 분담으로서 남편은 도구적인 역할을, 아내는 정서적인 역할을 맡게 되고 여성은 경제적으로 남편에게 예속된다는 점이다. 부권(父權)의 지배에서 부권(夫權)의 지배로 이행해 가는 과정이라 하겠다" 고 했다. 조혜정, 『한국의 여성과 남성』, 문학과지성사, 1999, 124쪽.

포하고 있다. 그녀가 감상하고 있는 꽃만큼이나 아름다운 모습으로 스스로 감상의 대상이 되고 있는 그림 속의 어머니는, 장차 그녀처럼 정숙한 현모양처로 성장하도록 교육될 어여쁜 딸의 손을 잡고 있다. 이는 그리셀다 폴록(Griselda Pollock)이 엘리자베스 루이제 비제 르브렁(Élisabeth-Louise Vigée-Lebrun)의 〈딸과 있는 자화상〉(1789)을 분석하면서, "모녀 사이의 육체적 일체감, 혹은 정체성의 반복이라는 주제는 다른 세대에 속한 여성에게 단일함을 부여한다"[8]고 했던 말을 떠올리게 한다.

[도 5]
배정례, 〈봄〉.
1950년, 종이에 채색, 136.0×102.0cm,
고려대학교 박물관 소장

(2) 수유하는 어머니

근대기 한국 미술에는 아이에게 젖을 물리는 어머니상이 자주 등장한다. 아이에게 양식을 제공한다는 점에서 수유하는 어머니상은 위대한 어머니 또는 대지로서의 어머니 개념과 연결될 수 있으나, 여기에는 좀

8 폴록은 비제 르브렁이 제작한 〈딸과 있는 자화상〉이 부르주아 계층이 사회적으로 또는 이데올로기적으로 주도적 위치를 점하려는 시점에서 갓 도입되기 시작한 여성성의 한 면을 시각적으로 구현하고 있다고 설명했다. 폴록은 "모녀 사이의 육체적 일체감, 혹은 정체성의 반복이라는 주제는 다른 세대에 속한 여성성에 단일함을 부여한다. 이 그림은 여성의 운명이 반복된다는 점을 표현하고 있는데 …… 어린 여자아이는 자라서 어머니처럼 될 것이고 또 그렇게 그녀의 아이들을 키워갈 것이기 때문이다"라고 했다. 그리셀다 폴록, 「역사와 정치: 페미니즘 이후 미술사는 살아남을 것인가?」, 이브 미쇼 외, 정재곤 옮김, 『미술, 여성 그리고 페미니즘』, 궁리, 2001, 103–105쪽.

더 제도적이고 정치적인 의미가 함축되어 있다.

홍선표 교수는 한 논문에서 일본의 지배하에 있던 1930년대 후반과 1940년대 초에 제작된 길진섭(1936), 임응구(1938), 임홍은(1940)의 〈모자도〉를 분석하면서, 남자 아기를 안고 있거나 젖을 먹이고 있는 어머니의 모습은, 전시국가가 필요로 했던 '1급 국민'을 생산하고 양육하는 신성한 의무를 수행하는 모성을 표상한다고 설명한 바 있다.[9] 이러한 해석에 대해 김이순 교수는 1930년대의 상황에서 과연 한국 여성의 아기가 일본의 아기처럼 1급 국민으로 성장하도록 장려되었겠는가 하는 의문을 던진다. 그녀는 일본이 1920년대부터 출산 장려 정책을 적극적으로 펼치면서 자국 여성들에게 후방에서 보국을 수행하는 어머니의 역할을 강조했기는 하지만, 조선인 징병제를 시행했던 1942년 이전에는 조선인 황민화 정책을 펴면서도 한국 어머니에게 병사가 될 아들을 낳아 기르는 모성을 강요하지는 않았다고 설명했다. 즉, 한국의 어머니들이 '거룩한 군국의 어머니'가 되도록 강요받게 된 것은 1941년 12월 태평양전쟁에 돌입하면서 군인의 수가 절대적으로 부족하게 된 일본이 조선인 징병제를 실시하면서부터로 보아야 하며, 따라서 1930년대에 제작된 회화 속의 수유하는 어머니상을 일제의 모성 동원 정책에 부응하는 것으로 해석하는 것은 합당치 않다고 주장했다.[10]

---

9 홍선표, 「한국 근대미술의 여성 표상: 脫性化와 性化의 이미지」,『한국근대미술사학』 제10집, 2002, 68쪽.

10 김이순, 「1930~50년대 한국의 모자상: 젖먹이는 이미지를 중심으로」, 『미술사연구』 20, 2006, 121-124쪽. 김이순은 1936년 "조선의 여성이 모성애를 발휘하게 되면 조선은 신생의 화평과 번영을 얻을 것이다"라고 한 이광수의 글(「母性」, 『女性』 제1권 제2호, 1936. 5, 12-13쪽)과, 1933년에 「조선은 이러한 어머니를 요구한다」라는 글에서 황신덕이 "가슴에 안겨서 젖을 빠는 귀여운 아기들이 장래 조선을 운용해 나갈 일꾼들"이라고 한 말을 인용하면서, 이러한 모성론의 대두는 일본의 모성론에서 영향을 받았음을 짐작할 수는 있지만, 그러나 그 지향점은 일제가 아닌 한국 민족이었다고 설명했다. 즉, 1930년대에는 식민지 상황이 악화되자 "일제의 지배를 벗어나 민족의 발흥에 기여할 자기희생적인 어머니가 요구"되었으며, 따라서 1930년대 한국 회화에 나타난 젖먹이는 어머니상은 이런 민족적인 맥락에서로 해석되어야 한다고 주장했다. 김이순, 위의 글, 2006, 125-126쪽.

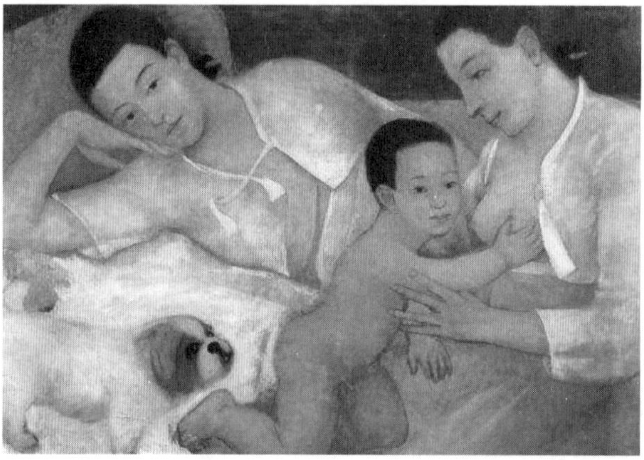

[도 6]
배운성,
〈두 여인과 아이〉,
1930년대,
종이에 채색,
63.0×90.0cm,
전창곤 소장

여기에서 근대기에 한국과 마찬가지로 일본의 지배를 받았던 대만의 경우, 유방을 드러낸 채 젖을 물리고 있는 어머니상이 여성의 누드화의 또 다른 표현일 수도 있다고 설명한 대만 국립미술대학교의 레이 밍추(Lai Ming-chu) 교수의 분석을 참고해 보고자 한다. 대만 미술사에 나타난 어머니상을 고찰한 논문에서 레이 밍추 교수는, 1910년대 대만의 미술 교육에서 누드화가 이미 필수 교육 과목이 되어 있었지만 대만을 정복한 일본 정부가 누드화의 공공 전시를 규제했던 까닭에, 대만의 화가들은 도덕적 검열을 피하기 위해 가슴을 내보이며 젖을 물리고 있는 어머니를 그리지 않을 수 없었다고 설명했다.[11] 흥미롭게도 이러한 설명은 남자아이를 수유하는 어머니와 가슴을 드러내놓고 누워 있는 두 여성을 함께 그린 배운성의 〈두 여인과 아이〉([도 6])에도 적용될 수 있을 것으로 보인다. 배운성은 일찍이 독일 미술대학에 유학을 갔던 작가로 서구의 전통적인 누드화 교육을 익히 습득했을 것이다. 이 작품에서는 젖을 물리는 어머니의 역할보다는 관능적으로 느껴지는 반라의 두 여인

11 Lai, Ming-chu, "The Sign Mother in Taiwanese Art History," 이화여자대학교 박물관, 2012, 151쪽.

에게 더 눈길이 가며, 이 점에서 일본 정부의 도덕적 검열을 피하기 위해 수유하는 여성을 그릴 수밖에 없었다는 대만 화가들의 누드화와 비교해 볼 만하다.

1930년대의 한국 회화에 나타난 수유하는 어머니상에 대한 해석은 당시 한국의 정치 문화적인 맥락을 어떻게 읽는가에 따라 다소 차이를 보일 수 있지만, 일본이 본격적으로 전쟁에 돌입했던 1940년대 이후의 작품에 나타난 어머니상이 일본 정부가 요구한 대로 천황에 대한 충성과 성전(聖戰)에 대한 찬양을 표현하고 있다고 보는 데에는 대부분 이견이 없다. 이 점에서 홍선표 교수는 김은호의 〈방공훈련〉(1942), 한홍택의 〈몸뻬의 부인〉(1943), 손동진의 〈학병의 어머니〉(1944) 등에서는 '군국의 어머니' 또는 '국민적'인 현모양처상으로 표상화된 여성을 볼 수 있다고 설명했다. 또한, 아기를 안고 있는 어머니가 다른 부인들과 함께 원을 그리며 앉아 있는 모습을 그린 김기창의 〈모임〉(1943)도 단순한 여성들의 회합이 아니라 후방에서의 지원 대책을 진지하게 논하고 있는 부녀자들의 반상회 장면을 그린 것이라고 해석했다.[12]

(3) 육아와 일을 병행하는 어머니

현대 이전의 한국 미술에서 아이와 함께 등장하는 어머니 도상의 사례는 그리 많지가 않으나, 아마도 김홍도의 〈매해파행도(賣蟹婆行圖)〉([도 7])와 같은 조선 시대의 풍속화가 그 좋은 예가 될 것이다. 이른 아침 어물을 팔러 가는 포구의 가난한 여인들을 묘사한 이 작품에는 등에 어린 아이를 업은 채 광주리를 이고 새벽 장삿길을 나선 어머니의 모습이 오른쪽 하단에 재현되어 있다. 이 여인은 가정 내에서 단정한 모습으로 앉

12 홍선표, 앞의 글, 2002, 69-70쪽.

[도 7]
김홍도, 〈매해파행도〉, 18세기, 비단에 채색, 37.4×71.5cm, 이화여자대학교 박물관 소장

아 수를 놓거나 실을 감고 있는 모습으로 그려진 양반 계급 여성과 달리, 생계를 위해 사회적인 노동 공간으로 직접 뛰어들었으면서도 아이를 양육해야 하는 어머니의 역할을 병행할 수밖에 없었던 조선 시대 서민 여성의 삶을 보여 준다. 무거운 짐을 이고 있으면서도 등에 업은 어린아이의 손을 다정스럽게 잡아 주고 있는 그녀에게서, 어떠한 힘든 상황에서도 자식에 대한 자애로움을 잃지 않는 숭고한 모성이 느껴진다.

한국전쟁이 끝난 이후 한국 미술에는 전쟁으로 인해 경제를 담당하던 남성들의 부재가 발생하면서 어린아이를 양육하는 전통적인 어머니의 역할과 함께 가족의 생계까지 걱정해야 했던 어머니상이 종종 등장했다. 종전이 되던 해에 제작된 김두환의 〈야전병원〉(1953)에서는 상처를 입고 치료를 받는 여성이 그 와중에도 아기에게 젖을 먹이고 있는 모습이 그려졌는데, 어떠한 힘든 상황에도 자신보다 아이를 먼저 생각하는 숭고하고 지극한 모성이 느껴진다. 아기를 업고 행상에 나선 어머니상이 보이는 박래현의 〈노점〉([도 8])과 아기를 업은 채 힘든 절구질을 하는 어머니상이 재현된 박수근의 〈절구질하는 여인〉(1954) 역시 전후의 황폐한 삶 속에서 어렵게 육아와 일을 병행하는 가난한 서민층 어머니를 보여 준다. 여기에서 주목해야 할 점은 직접적인 방식으로 모성에 관한 내러티브를 전하고 있는 〈야전병원〉에 비해 이 두 작가의 작품 모두 가난하고 고달픈 어머니의 삶을 느끼기에는 인물의 형상이 너무도 기하학적인 형태로 양식화되어 있는 점이다. 박수근의 회화를 분석한 논문에서 신지영은 규칙적인 수평·수직의 정적인 구도에 의해 여성들의 삶이 지극히 평온하게 표현됨으로써 어머니의 역할과 노동은, 그것이 현실적으로는 고된 노동임에도 불구하고, 자연스럽고 당연한 자연의 질서처럼 나타났다는 적절한 지적을 한 바 있다.[13] 전후 한국 미술계에 모더니즘이 자리 잡게 되면서 모성 도상은 양식화되었고, 결과적으로 어머니라는 한 여성의 구체적인 삶과 정서에 관한 이야기를 전하기보다 화면 내의 자율성에 부합하는 추상적이고 관념적인 조형 요소가 되어버린 것이다. 이러한 경향은 1960년대에도 상당 기간 지속적으로 나타나는데, 김정숙의 〈엄마와 아기들〉(1965)이나 전뢰진의 〈자애〉

[도 8]
박래현, 〈노점〉, 1956년, 종이에 수묵 채색,
국립현대미술관 소장

13 신지영, 「박수근 회화에 나타난 여성들: 한국적인 것의 기표로서의 여성들」, 현대미술사학회 편, 『미술 속의 페미니즘』, 눈빛, 2000, 145쪽.

(1963), 김세중의 〈축복〉(1963) 같은 조각에서도 찾을 수 있다.

1960년대 후반, 박정희 정부의 독재정치 하에서 등장했던 한국의 아방가르드적 실험 미술은 예술의 형식 안에서 예술의 문제를 다루는 행위였지만, 모든 통제와 억압의 기제에 대항해 자유와 해방을 요구하는 정치적이고 사회적인 저항의 성격을 지니는 것이었다. 이 시기의 작품에서 특별히 모성과 관련된 도상을 찾기란 쉽지 않지만, 예외적으로 '신전동인'의 멤버였던 심선희의 〈미니2〉(1967)는 한번 살펴볼 만하다. 이 작품은 당시 유행하던 미니스커트라는 사회적 신드롬을 조형화하면서 패션이 곧 그 사회가 요구하는 여성성의 기준이 되어버리는 현대 사회에 관해 이야기한 작품이다. 작가는 자신의 얼굴을 석고로 떠서 은색칠을 한 후, 그 밑에 역시 은색을 칠한 세 쌍의 브래지어 형틀을 세로로 붙였다. 흥미로운 점은 이러한 결합 방식이 패션을 통해 여성에게 요구되는 사회적 조건들에 관한 이야기로 읽히면서도, 결과적으로는 여성의 수유 기능과 다산의 능력을 강조하는 것처럼 보인다는 사실이다. 이는 여성의 육체적 힘을 강조했던 루이즈 부르주아(Louise Bourgeois)의 퍼포먼스를 떠올리게 한다. 심선희의 작업이 지속적으로 여성주의적인 목소리를 낸 것은 아니어서 본격적인 페미니즘 담론이 전개되지는 못했지만, 〈미니2〉는 비교적 명백한 목소리로 현대 사회가 여성에게 요구하는 가치와 그 의미 생성 코드에 관해 이야기하고 있다는 점에서 주목할 만한 작품이었다.

Ⅲ. 정치 사회적 맥락에서의 모성

1. 모성의 정치학

한국 현대 미술사에서 어머니 도상에 내재된 정치적인 의미가 가장 분명하게 표출된 미술 동향은 전후 한국 미술계를 지배하던 모더니즘 운동에 대한 반동으로, 1970년대 후반에서 80년대에 걸쳐 현장성과 동시대성을 내세우며 현실 비판적 성격의 미술을 시도했던 소위 '민중미술'과 '여성미술'[14]일 것이다.

1979년 10월 26일, 대통령이었던 박정희가 암살된 후 전두환에 의한 군부 쿠데타가 일어나고 곧이어 계엄령이 선포되면서 한국 사회는 엄청난 정치적 소용돌이에 빠져들었다. 이러한 상황에서 한국 미술계도 예술을 위한 예술을 지향하는 모더니즘 미술보다는 시대 정신과 사회적 현실을 담아낼 수 있는 새로운 미술 양식을 필요로 했다. 1979년 말 결성된 '현실과 발언'의 대표적 작가 오윤의 판화 〈아라리오〉(1985)와 신학철의 〈대지〉([도 9])에 재현된 어머니상은 현실 개혁의 에너지를 가진 민중의 잠재력과 민족의 원천적인 힘의 표상으로 읽힌다. 깡마른 어머니가 굶주림에 쓰러진 또는 죽은 듯이 보이는 아이를 끌어안고 아무것도 나오지 않는 젖을 물리고 있는 강요배의 〈빈젖－4.3〉([도 10])과 〈피살〉(1991)은 제주에서 일어난 정치적 학살을 주제로 정치적 폭력의 희생자인 힘없는 양민에 관한 참담한 이야기가 담긴 작품이다.[15] 〈빈젖－4.3〉에서 아이에

---

14 '여성주의 미술'이라는 표현 대신에 '여성미술'이라고 쓴 이유는, 비교적 여성주의적인 태도를 보였던 1980년대의 여성 미술가들 스스로가 자신들의 작업을 부를 때 여성주의 미술이라는 표현을 쓰지 않고 '여성미술'이라는 용어를 고수했기 때문이다.

15 4·3 사건은 1947년 3월 1일 경찰의 발포사건을 기점으로 하여 1948년 4월 3일 발생한 봉기사태와 그로부터 1954년 9월 21일까지 제주도에서 발생한 무력 충돌과 진압 과정에서 수많은 양민이 희생당했던 사건이다. 일본 패망 후 한반도를 통치한 미군정 체제하에서 남한 단독정부 수립에 반대하

[도 9]
신학철, 〈대지〉, 1984년, 종이에 유채, 60.6×80.3cm, 국립현대미술관 소장

게 젖을 먹이는 어머니상은 고대로부터 전승되어 온 위대한 어머니 또는 대지의 어머니와 연결된 모성 도상으로 해석할 수도 있고, 무릎 위에 누인 아이의 죽음을 목도하며 고통스러워하는 기독교 도상 피에타를 연상할 수도 있다. 그러나 실상 이 어머니는 관념화된 위대한 어머니나 동정녀 성모 마리아, 즉 인간의 영역을 초월한 신성한 어머니를 그린 것이 아니다. 민중미술은 철저하게 현실을 직시하고 왜곡된 사회 구조에 대해 비판하고자 했던 미술이기 때문에 그녀는 절대적으로 현실에 존재하는 어머니이다.

그런데 여기에서 주목해야 할 점은, 이 작품 속 어머니에게서는 한 여성으로서 구체적인 삶을 살아가는 현실적인 여성의 이야기보다 폭력에 의해 무고하게 희생당하는 힘없는 민중의 고통이 먼저 읽힌다는 것이다. '현실과 발언'은 자신들의 예술 목표를 설명하는 글에서 "우리의 모임

는 과정에서 발생한 사건으로, 당시 제주도민 70%가 좌익 또는 그 동조자로 인식되어 미군정과 군경이 시위대를 무력으로 진압하면서 많은 주민이 희생당했다. 〈빈젖-4.3〉은 당시 진압군을 피해 동굴로 피신한 어머니가 어린아이와 함께 굶주림으로 사망했던 실제 사건을 토대로 한 작품이다.

에서 내세우는 현실과 발언이라는 명제는 우리가 앞으로 모색해야 할 방향에 대한 다음과 같은 물음을 함축하고 있다"고 하면서, 그 질문 중 하나가 "발언이란 누가, 무엇을 향한, 또한 누구를 위한, 누구에 의한 발언인가"[16] 하는 것이라고 설명했다. 여기에서 우리는 선언문을 쓴 그들이 암암리에 생각하고 있는 발언의 주체와 대상의 범주에 과연 '여성'이 포함되어 있는가 하는 질문을 다시 넌져볼 수 있을 것이다. 원동석은 '현실과 발언'이나 '임술년' 등 1980년대 들어 등장한 동인들의 선언문은 기존 미술에 대한 비판의 강도를 높이면서 우리 삶의 실체를 모색한다는 자세를 취하고는 있으나, 나와 이웃을 포함한 '우리'라는 기반을 구체적으로 어디에 둘 것인가 하는 점은 언급하지 않았다고 지적한 바 있다.[17] 실상 민중미술이 추구하는 민족이나 민중 개념에 암시되어 있는 '우리'라는 개념은 다분히 남성 중심적인 성향을 지닐 위험성이 있다. 김은실 교수는 한 논문에서 민족을 단일한 주체로 구성해 내려는 민족 담론이 민족 내부의 이질적인 집단들을 단일화시키는 지

[도 10]
강요배, 〈빈젖 – 4.3〉, 1992년, 캔버스에 유채, 116.7×72.2cm

16 현실과 발언, 『민중미술을 향하여』, 과학과 사상, 1990, 595쪽.
17 원동석, 「민중미술의 논리와 전망」, 『시대 상황과 미술의 논리』, 한겨레, 1986, 228쪽.

배 담론으로 작용하면서, 내부의 다성성(多聲性, multi-vocality)에 대해 억압적인 권력을 행사하게 될 수 있다고 설명했다.[18] 한국적 정체성을 구축하기 위한 정치 문화적 투쟁으로 서구적인 요소를 배척하고 우리의 것을 사랑해야 한다는 강한 도덕적 명령 때문에, 민중미술 작품에 나타난 모성 도상은 '우리'라는 개념을 통해 곧바로 민족 정서의 연대성에 연결된다. 어머니의 모습을 재현한 오윤, 신학철, 강요배의 작품에서 개별적인 여성으로서의 어머니의 다양한 경험은 민족 또는 민중이라는 거대 담론 뒤로 사라져 버리는 것이다.

민중미술에 나타난 어머니가 조국애와 민중의 힘을 표상하는 기호였다면, 1986년부터 본격적으로 시작되었다고 볼 수 있는 한국 '여성미술'에 재현된 어머니는 남성 중심적인 사회 속에서 이중으로 타자화되는 여성의 현실을 좀 더 구체적으로 서술하는 직설 화법의 이미지로 나타난다.[19] 윤석남의 〈재래시장〉(1992~2006)은 노점상으로 하루하루 힘겹게 살아가는 어머니들의 모습을 재현한 설치 작품이다. 그녀는 1986년 열렸던 〈半에서 하나로〉전에서도 양육과 노동을 동시에 하느라 쉴 틈이 없는 어머니를 표현한 〈손이 열 개라도〉를 전시했는데, 이 전시야말로 본격적인 한국 여성주의 미술의 물꼬를 튼 전시라고 할 수 있다.[20] 이후 그녀는 〈어머니3: 요조숙녀〉(1993), 〈족보〉([도 11]), 〈어머니 5: 가족을 위하여〉(1993) 등 어머니를 주제로 한 일련의 시리즈를 제작했다. 애드리엔

---

18 김은실, 「민족 담론과 여성: 문화 · 권력 · 주체에 관한 비판적 읽기를 위하여」, 『한국여성학』 10, 1995, 24쪽.

19 13명의 발기인으로 구성된 현실과 발언의 창립 멤버 중 유일한 여성이 노원희였다. 철저한 자기 인식을 할 줄 아는 지식인의 논리성과 섬세한 심리적 표현성으로 현실에 대한 비판적 태도를 보여주는 그녀의 작품은 현실과 발언의 기본 태도와 맥을 같이하고 있지만, 여성적 가치나 여성의 현실에 특별히 주목하고 있는 것 같지는 않다.

20 한국의 여성주의 미술의 전개에 관한 내용은, 오진경, 「1980년대 한국 '여성미술'에 대한 여성주의적 성찰」, 『현대미술사연구』 제12집, 2000, 211–247쪽을 참조할 것.

리치는 "우리 여성들 중 그 누구도 어머니 또는 딸 중 하나일 수는 없고, 놀랍게도 그리고 복잡하고 혼란스럽게도 그 둘 다이다"라고 하면서, "자신 안에 존재하는 어머니와 딸을 받아들이고 통합하고 강화시키는 일은 결코 쉬운 문제가 아니다. 가부장적인 태도가 우리로 하여금 원치 않는 모든 죄의식, 분노, 수치심, 힘, 자유를 '다른' 여성에게 투사하게 만들기 때문이다. 급진적인 자매 관계를 위해서도 그 둘을 재통합할 필요가 있다"[21]고 역설했다. 윤석남 역시 어머니상을 통해 자신 안에 존재하는 어머니와 딸이라는 두 여성 간의 통합을 시도하면서 스스로의 정체성을 찾아가고 있는 것으로 보인다.

[도 11]
윤석남, 〈족보〉, 1993년

윤석남과 함께 '시월모임' 동인으로 활동했던 김인순 역시 초기부터 여성주의 미술을 적극적으로 이끌어간 작가로 윤석남에 비해 더욱 구체적이고 직설적인 방식으로 모성의 강인함을 표현했다. 노동운동에 적극적으로 참여하면서 노동미술위원회 대표를 역임하고 여성노동자협의회 이사 직책을 갖기도 했던 김인순은, 생존을 위해 싸우는 여성 농민의 모습이나 노동운동의 주체로서 앞장을 선 여성 노동자들의 모습을 재현하기도 했다. 울산에서의 노동자 시위를 주제로 한 그녀의 작품 〈어느 노

21 Adrienne Rich, 앞의 책, 1976, 253쪽.

[도 12]
김인순, 〈어머니의 땅〉,
1994년,
캔버스에 아크릴릭,
80.0×132.0cm

동자의 어머니〉(1989)에 재현된 어머니는, 남성 작가들의 작품에서처럼 조국이나 고향 또는 대지의 생명력을 상징하거나 남성들의 노고를 위로하고 생산적 활동에 활기를 넣어 주는 원천으로서의 의미에 머물지 않는다. 그녀는 자식들을 보호하고자 스스로 시위대의 맨 앞에 서서 억압 세력에 과감히 맞서는 주체적이고 실천적인 행위자인 것이다. 김인순의 또 다른 작품 〈어머니의 땅〉([도 12])은 농촌의 밭을 배경으로 웅크리고 있는 주름진 노모가 그려진 작품이다. 대지와 연결된다는 점에서 이것은 '대지의 어머니' 도상으로 읽을 수 있지만, 그러나 허리를 구부린 채 정면을 직시하고 있는 노모의 주름과 눈빛, 그리고 표정에서 오는 그 존재감이 너무도 크다. 여기에서 모성은 관념적인 대지의 어머니의 의미보다는 자신과 자손들을 위해 땅을 지키려는 농민 어머니의 강한 의지를 나타낸다.

김인순을 비롯한 여성 미술가들은 현장성 있는 활동을 집중적으로 하기 위해, 1988년 초에 결성된 '여성미술연구회'의 하부 조직으로 소집단 걸개그림패 '둥지'를 만들었다. 둥지는 노동자들의 시위 현장을 직접 방문해 그들의 목소리를 듣고 그것을 전하는 걸개그림을 제작하면서 좀 더 현장성 있는 미술을 실천하고자 했다.[22] '둥지'의 〈엄마 노동자〉([도 13]) 연작은, 가정이라는 사적인 영역에만 머물 수 없는 가난한 어머

[도 13]
그림패 둥지,
〈엄마 노동자〉,
1989년,
천에 아크릴 물감,
110.0×120.0cm

니들의 어려운 현실을 보여 주는 작품이다. 출근 시간에 다리를 붙드는 아이들을 떼어놓으려 애쓰는 어머니의 모습은, 공적인 노동 현장에 뛰어들었지만 전통적으로 요구되는 양육자로서의 어머니 역할에서 벗어날 수 없어 갈등하는 근로 여성의 현실을 생생하게 전하고 있다.

조순경 교수는 역사적으로 성별 분업 현상은 공간적 분업과 밀접한 관계를 이루면서 진행되어 왔다고 하면서, 모든 여성은 잠재적으로 어머니라는 사실로 인해 성별 분업이 점차 위계적인 성격을 띠게 되었고, 소위 모성 보호라는 이름 아래 다양한 차원에서 여성의 노동권이 침식당해 왔다고 주장했다. 성별 분업은 경제 체제를 초월해 남성에 대한 여성의 예속을 유지해 주는 주요 기제 중의 하나라는 것이다.[23] 정정엽

22 1987년 6월 항쟁과 7월과 8월에 일어난 노동자 투쟁사건을 계기로 민중운동의 성격은 더욱더 노동자와 노동운동을 중심으로 하는 방향으로 나아갔다. 이에 민중미술운동의 경우도 걸개그림이나 깃발그림이 크게 활성화되는 등 적극적인 현장 체험과 공동체 작업의 성격을 지니게 되었다. 여성 미술가들이 더욱 현장성 있는 활동을 향하게 된 것도 이러한 시대적 흐름과 맥을 같이했기 때문이다.

23 조순경, 「유교사상과 성별분업」, 『유교문화의 전통과 변형 속의 여성』, 서남재단 학술연구보고서, 1994, 105–106쪽.

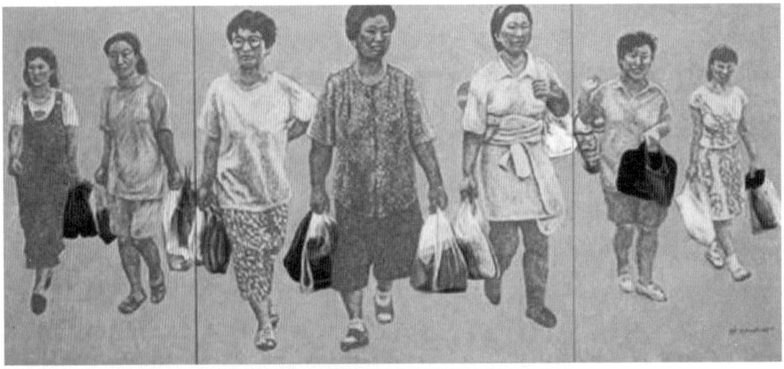

[도 14]
정정엽, 〈식사 준비〉, 1995년, 캔버스에 유채, 160.0×372.0cm

의 〈집사람 I〉(1991)은 기존의 모성적 역할을 수행하면서도 생계 유지를 위해 아이를 업은 채 구인 광고를 들여다보고 있는 가난한 젊은 여성을 그린 것으로, 어머니로서의 정체성과 사회적 노동자로서의 삶 속에서 갈등하는 여성의 변화된 의식을 보여 주고 있는 작품이다. 그녀의 또 다른 작품 〈식사 준비〉([도 14])는 가족들의 식사를 준비하고자 바쁘게 장을 보고 돌아가는 어머니들의 모습을 등신대 크기로 현실감 있게 재현한 그림이다. 흥미로운 것은 어머니들의 모습이 모두 단색으로 처리된 데에 비해 그녀들이 들고 있는 장보따리들이 눈에 띄는 유채색으로 채색되어 있는 점이다. 작가는 남성 중심적인 사회 속에서 가족을 위해 정성껏 그리고 기꺼이 식사를 준비하는 자애로운 어머니들의 모습이야말로 그 어떤 정체성보다도 우선적으로 요구되는 모성상임을 강조하고 있는 듯하다. 어머니들이 일생 동안 가사노동에 전념하면서도 그 노동권을 제대로 인정받지 못하는 성별 분업의 부조리가 읽히는 대목이다.

1980년대 여성 미술가들은 여성들의 삶과 현실을 직시하고자 노력하면서 특히 자본주의 사회 속에서 지배 세력에 의한 억압의 대상이 되기 쉬운 여성 노동자들의 삶에 초점을 맞추어 한국의 여성주의 미술이 발전해 나갈 수 있는 계기를 마련했다. 물론 당대의 여성노동운동과 맥을 같이하면서 여성을 주로 가사노동자 또는 저임금 근로 여성으로 범주화했던 그들의 작업이 모성의 다양한 감수성과 경험을 더욱 폭넓게 표현해 내지 못했다는 점을 지적할 수 있다.[24] 그럼에도 불구하고 그들의 시도는 남성 주도적인 민중미술의 기류를 방향 전환시켜 한국 미술계에 여성 미술가들의 존재와 그 활동의 의의를 어느 정도 수용할 수 있게 하는 단초가 되었다는 점에서 한국 여성주의 미술사에서 중요한 의미를 지닌다고 하겠다.

2. 모성의 젠더화

1980년대의 정국 불안이 가시고 민주화가 이루어지면서 1990년대 한국 미술계에서는 이데올로기적 투쟁보다는 개인의 자유와 존재에 대한 성찰이 화두로 떠올랐다. 이제 여성주의 미술가들은 직설적 화법으로 정치적 발언을 하기보다는, 어머니라 불리는 여성들의 공동체적 감수성과 그 내부에 존재하는 문화적 다성성에 관심을 가진다. 그들은 모성

---

24 1980년대 여성 미술은 그 이념적 당위성에도 불구하고 여성주의 미술이기 이전에 민중미술을 보여 준 것이 아닌가 하는 비판을 받기도 하고, 이데올로기적 특성 때문에 지나치게 도식화하거나 작품의 형식적인 질을 간과했던 것 아닌가 하는 작가들의 자기 반성이 있기도 했다. 김인순은 "그동안 여성 미술의 활동을 통해 다양한 대중들이 여성 문제를 인식하고 공감하는 계기를 마련할 수 있었던 점은 긍정적이라 하겠다. 그러나 주제에 있어 지나친 주관적, 관념적 경향으로 인한 내용 전달의 곤란과 형식면에서 완결성의 부족, 기능의 미술 등 해결해야 될 과제가 너무나 많다"고 했다. 김인순, 「근 · 현대미술에 나타난 여성이미지」, 『가나아트』(1990. 9/10), 53쪽. 윤석남은 〈여성과 현실〉전이 1990년대 들어 과거와는 다른 새로운 노력들로 진행되지 않느냐는 대담자의 질문에 다음과 같이 답했다. "성차별이나 계급 문제를 즉자적으로 노출하는 방식보다는 자신의 삶에 기반한 여성 내면의 이야기를 심화시키는 다양한 형식의 작업들이 보이고 있다. 그것은 80년대 활동들이 커다란 성과를 보였지만, 실제적으로 목적성이 너무 강해 광범위한 여성성과 작가 개인의 작업세계를 깊이 있게 파고들 만한 여유를 갖지 못한 데서 비롯된 것 같다." 『가나아트』, 1995, 124쪽.

[도 15]
이불, 〈그녀는 나의 구원의 원천이다 II〉, 1988년

개념이 순수하게 자연적이기보다는 제도적인 산물임을 강조하면서, 우리 사회 속에서 이루어지는 모성의 젠더화에 대해 질문을 던진다.

"몸은 모든 사회, 역사, 문명과 문화의 사이트로서 발언하기 가장 좋은 대상"[25]이라고 말하는 이불은 모성적 자아를 규정하고 입증하는 선언의 출발점으로 자신의 몸을 활용하거나 여성의 몸을 그로테스크하게 변형시키는 작업을 했다. 1987년의 〈뮤지엄〉전에 소개된 〈수세기 동안 내 방은 닫혀 있었다〉는 기형적인 태아의 신체가 탯줄에 매달려 있는 괴기스러운 몸을 구현한 작품이었다. 〈그녀는 나의 구원의 원천이다 II〉([도 15])에서도 다채로운 색채와 문양으로 장식된 괴기한 몸통이 등장한다. 거꾸로 매달린 채 힘없이 늘어져 있는 몸통에는 마치 원시종교에서 볼 수 있는 다산의 여신처럼 여러 개의 유방이 달려 있고 그로부터 젖과 같은 흰 액체가 흘러내린다. 〈선데이 서울〉(1990)에서도 괴기스러운 몸통이 등장하는데, 거대한 둔부 같기도 하고 유방 같기도 한 몸통의 위로는 붉은 불꽃이 활화산처럼 타오른다. 몸통으로부터 뿜어져 나오는 에너지는 위로 향한 불꽃뿐만 아니라, 둔부의 중심으로부

25 강태희, 「How Do You Wear Your Body?: 이불의 몸 짓기」, 『미술 속의 여성: 한국과 일본의 근·현대 미술』, 이화여자대학교출판부, 2003, 220쪽.

터 흘러내리는 핏빛 분비물을 통해서도 분출된다. 스스로의 강한 생명력으로 끝없이 증식해 가는 생물체처럼 느껴지는 이 낯선 몸통들의 당당함은 과거 전통 미술 속에서 미화되고 신비화되었던 모성성을 완전히 전복시켜 버린다. 〈낙태〉(1989) 퍼포먼스에서 이불은 모성에 관련된 좀 더 사회적인 메시지를 전했다. 전라의 몸으로 장시간 거꾸로 매달려 있는 고통을 생생하게 보여 주면서, 그녀는 여성의 몸에 가해지는 물리적인 폭력인 낙태의 위험성과 그런 결단을 받아들이도록 강요하는 사회적 폭력을 고발했다.

페미니스트 사진작가 박영숙 또한 현대 사회가 정의내린 모성 개념에 대해 질문을 던지는 작가이다. 한쪽 유방을 잘라내는 수술을 받은 자신의 몸을 촬영한 사진 앞에, 가슴에 전구를 단 윤석남의 목조 여인상을 설치한 공동작품 〈자화상〉(1992)에서, 박영숙은 다음과 같은 문장을 사진 위에 프린트했다. "나는 없는 유방이 때때로 부끄럽다. 그러나 유방은 단지 아기를 키우는 몸의 일부이다. 젖이 안 나올 때는 소젖으로 아이를 키운다. 젖이 잘 나올 때도 소젖으로 아이를 키운다. 그러므로 유방이 없어도 여자는 아름답다. 그래서 떼어낸 그 자리에 전구를 단다." 그녀는 한쪽 유방이 없는 몸이 남성 중심적 시각에서 불완전하게 보일지는 몰라도, 유방이 없어도 우유로 아기를 양육할 수 있는 어머니의 능력은 여전하며, 스스로의 존재만으로도 당당하고 아름다울 수 있음을 보여 준 것이다. 그녀가 1999년부터 제작했던 〈미친년들 프로젝트〉([도 16]) 연작 중에, 벌거벗은 채 누워 있는 어린 딸과 정리되지 않은 잡다한 사물들이 널려 있는 방 안에서 젊은 어머니가 넋을 잃은 듯 무심하고 허탈한 표정으로 앉아 있는 모습이 담긴 사진 작품이 있다. 하루 종일 집에서 어린아이와 함께 시간을 보내며 좋은 어머니가 되기 위해 애쓰는 동시에, 늘 누구의 어머니로 불리는 일방적인 사회의 시각에

[도 16]
박영숙, 〈미친년들 프로젝트〉.
1999년, 컬러 프린트, 150.0×120.0cm

맞서 한 개인으로서의 자신의 모습을 잃지 않으려고 갈등하는 그녀는, 리치의 표현을 빌리자면, "경계를 넘어 버리고, 그냥 모든 것을 놓아버리며, 온전한 정신이라 규정된 것을 단념해 버림으로써, 한 번쯤 자신도 보살핌을 받는 입장이 되거나 아니면 스스로 자신을 보살필 수 있는 방법을 찾을 수 있으리라고"[26] 꿈꾸고 있는지도 모른다.

Ⅳ. 맺음말

한국 미술에 재현된 마고할미, 삼신할머니, 삼불제석, 그리고 기독교의 성모자상 등은 다산과 풍요를 기원하는 의미로 등장한 신성한 어머니상이 계승된 도상이다. 여성의 생물학적 능력에 관련된 이러한 모성의 의미는 가부장 제도가 강화된 근대에 들어서면서 더욱 제도적인 의미를 지니게 되는데, 일본의 지배하에 있던 시기 작품 속에 재현된 현모양처상이나 한국전쟁을 전후한 궁핍했던 시기의 작품 속에 자주 등장하는 일하는 어머니상이 그 좋은 예이다. 한편 인간이 태어나고 성장한

26 Adrienne Rich, 앞의 책, 1976, 279쪽.

대지의 의미와 연계된 모성이 더욱 정치적인 맥락에서 도입된 대표적인 사례로는 1980년대에 부상한 소위 민중미술 계열의 미술 동향을 들 수 있다. 대부분 남성 미술가들이 중심이 되었던 민중미술 속에서 모성은 민족의 근원적인 힘 또는 민중의 저항 정신을 표상하는 대지의 어머니로 그려졌다. 사회 현실에 초점을 맞춘 이러한 미술 기류에 편승하면서 등장한 여성 미술은 남성들이 중심이 되었던 민중미술과는 달리, 자식을 키우고 가사를 돌보면서도 사회적인 노동까지 해야 하는 어머니들의 삶을 구체적이고 직설적인 화법으로 이야기했다. 민족주의나 사회계급 간의 갈등에 초점을 맞추었던 민중미술과 맥을 같이했던 여성 미술이 여성 노동자 또는 가부장적 사회 속의 전형적인 어머니상이라는 제한된 유형으로 모성을 해석했다는 점에서 한계를 지적받을 수도 있다. 그러나 전통적인 어머니의 역할과 노동자로서의 경제 활동 사이에서 갈등할 수밖에 없는 여성의 현실에 주목하면서, 좀 더 제도적인 맥락에서의 모성에 관해 이야기하기 시작한 1980년대 여성 미술가들의 작업은 한국 여성주의 미술의 전개에서 중요한 미술사적 의미를 갖는다.

1990년대에 등장한 여성 미술가들은 일정한 양식이나 직설적인 서술 방식을 거부하면서 더욱 다양한 방식으로 한국 사회를 지배하고 있는 성별 이데올로기와 성차의 생산 구조에 관해 이야기한다. 그들은 모성을 비롯한 여성의 모든 정체성은 불변하는 자연적 속성이 아니라 사회의 코드를 따르는 문화적인 산물이라는 사실에 초점을 맞춘다. 임신한 여성의 몸을 강조하거나, 낙태와 같은 어머니의 몸에 가해지는 폭력을 재현하는 등 관람객을 향해 일종의 낯설게 하기를 시도하는 그들의 작업은, 남성 중심적인 사회가 모성에 대해 지녔던 낭만적인 기대와 환상을 여지없이 전복시켜 버린다. 그것은 전통적인 또는 제도적인 모성 개념에 대한 반성적 성찰을 시도함으로써 모성에 대한 우리 사회의 제한적인 시각을 확장시키고 더욱 성숙하게 만들기 위한 도전이었다.

한국 현대 미술에 나타난 어머니상을 시기적으로 살펴보면서 역사 속에서 변함없이 계승되어 온 위대한 어머니 또는 대지의 어머니라는 전통적인 모성 개념이 각 작품의 시대적 배경에 따라 좀 더 제도적인 의미를 함축하게 되었다는 것을 알 수 있었다. 향토성, 민족 정신, 국가가 요구하는 가치관, 민중의 힘, 여성의 현실, 그리고 사회 속의 성 이데올로기를 표현하기 위해 도입된 작품 속의 모성 도상은, 생물학적 기능에 관련된 어머니의 속성을 넘어 정치적이고 사회적인 맥락에서의 의미를 입체적으로 전하는 하나의 문화적 기호인 것이다.

〈참고 문헌〉

강태희, 「How Do You Wear Your Body?: 이불의 몸 짓기」, 『미술 속의 여성: 한국과 일본의 근 · 현대 미술』, 이화여자대학교출판부, 2003.

김승희, 「한국의 여성 미술 무엇이 문제인가?」, 『가나아트』, 1990. 9/10.

김은실, 『여성의 몸, 몸의 문화정치학』, 또하나의문화, 2001.

______, 「민족 담론과 여성: 문화, 권력, 주체에 관한 비판적 읽기를 위하여」, 『한국여성학』 10, 1995.

김이순, 「1930~1950년대 한국의 모자상: 젖먹이는 이미지를 중심으로」, 『미술사연구』 20, 미술사연구회, 2006.

김인순, 「근 · 현대미술에 나타난 여성 이미지」, 『가나아트』, 1990, 9/10.

김홍희, 「한국 여성주의 미술의 현황과 전망」, 『미술평단』 no.26, 1992. 가을.

______ 편, 『여성, 그 다름과 힘』, 삼신각, 1994.

땅의 사람들 편, 『여성 농민 위대한 어머니』, 형성사, 1990.

심광현,「80년대 한국 사회의 변동과 미술운동」,『가나아트』, 1989. 11/12.
오진경,「1980년대 한국 '여성미술'에 대한 여성주의적 성찰」,『현대미술사연구』 제12집, 2000.
원동석,「80년대 미술의 평가와 과제」,『예술과 비평』, 1989. 겨울.
______,「민중미술의 논리와 전망」,『시대 상황과 미술의 논리』, 한겨레, 1986.
______,「민중미술의 한계와 가능성」,『월간미술』, 1989. 11.
유홍준,「80년대 새로운 미술운동의 이념과 형식」,『예술과 비평』, 1984. 가을.
이태호,「80년대 현장미술의 발전과 걸개그림」,『가나아트』, 1989. 11/12.
조순경,「유교사상과 성별분업」,『유교문화의 전통과 변형 속의 여성』, 1994년도 서남재단 학술연구 보고서, 1994.
조형 편,『여성주의 가치와 모성 리더십』, 이화여자대학교출판부, 2005.
조혜정,『한국의 여성과 남성』, 문학과지성사, 1999.
차미례 · 김인순 · 정정엽(좌담),「80년대 여성미술운동을 말한다」,『월간미술』, 1989. 3.
현대미술사학회 편,『미술 속의 페미니즘』, 눈빛, 2000.
현실과 발언 편,『민중미술을 향하여』, 과학과사상, 1990.
홍선표,「한국 근대미술의 여성 표상: 脫性化와 性化의 이미지」,『한국근대미술사학』 제10집, 2002.
린다 노클린,『페미니즘 미술사』, 오진경 옮김, 예경, 1997.
이브 미쇼 외,『미술, 여성 그리고 페미니즘』, 정재곤 옮김, 궁리, 2001.

Butler, Judith, *Gender Trouble*, New York: Routledge, 1990.
Chadwick, Whitney, *Women, Art, and Society*, London: Thames and Hudson, 1990.
Duncan, Carol, "Happy Mother & Other New Ideas in French Art", *The Art Bulletin* 55(4), 1973.

Frueh, Joanna et al.(ed.), *New Feminist Criticism: Art, Identity, Action*, Icon Editions, 1994.

Isaak, Jo Anna, *Feminism & Contemporary Art: The Revolutionary Power of Women's Laughter*, New York: Routledge, 1996.

Nochlin, Linda, *Representing Women*, Thames and Hudson, 1999.

Pollock, Griselda, *Vision and Difference: Femininity, Feminism and the Histories of Art*, New York: Routledge, 1988.

______(ed.), *Generations and Geographies in the Visual Arts: Feminist Readings*, New York: Routledge, 1996.

Raven, Arlens, C. Langer, & Joanna Frueh(eds.), *Feminist Art Criticism: An Anthology*, Ann Arbor: Research Press, 1988.

Rich, Adrienne, *Of Woman Born: Motherhood as Experience and Institution*, New York: W.W. Norton & Co., 1976.

Robinson, Hilary(ed.), *Feminism-Art-Theory: An Anthology 1968-2000*, Oxford: Blackwell Publishers Ltd., 2001.

Wolff, Janet, *Feminine Sentences: Essays on Women and Culture*, Berkeley: University of Calfornia Press, 1990.

전시도록

『모성: 한국 미술 속의 어머니/아시아 미술 속의 어머니』, 이화여자대학교 박물관, 2012.

『시월모임 2회전: 반에서 하나로』, 그림마당 민, 1986.

『어머니의 눈: 윤석남』, 서울 금호미술관, 1993.

『이불전』, 서울 아트선재센터, 1998.

『lee bul 이불』, 서울 로댕갤러리, 2002.

춤을 통해본 한국적 움직임 커뮤니케이션의 특성*

김말복

"꿀벌은 다른 벌에게 먹이의 방향과 거리의 정확한 정보를 전하기 위해 어둠 속에서 춤을 춘다. 그 커뮤니케이션의 교묘함은 인간의 언어에 필적할 만하다." (리처드 도킨스, 『이기적 유전자』)

Ⅰ. 머리말

이 연구는 한국의 일상문화 속에 드러나는 커뮤니케이션 현상을 연구하기 위한 일환으로 우리나라 춤에서 발견되는 움직임 커뮤니케이션적 특성을 살펴보고자 한다. 언어를 사용하지 않는 예술 형태로서의 춤은 근본적으로 가장 상징화된 따라서 대표적인 비언어적 커뮤니케이션 양식이라 하겠다. 그리고 예술 활동이 일상 생활로부터 분리되지 않은 전통적인 한국 사회의 구조 속에서의 움직임 커뮤니케이션 연

* 이 논문은 『무용예술학연구』 제18권(2006년)에 게재되었음.

구는 가장 순수한 상태의 한국적 커뮤니케이션의 기초적인 구조와 사상을 잘 드러내 주리라 생각한다. 그리고 시대 흐름에 따른 한국적 움직임 커뮤니케이션, 즉 몸짓 소통의 근대적 변모를 살펴보는 것도 흥미로울 것 같다. 그러므로 이 연구는 몸을 매개로 한 한국적 의사 소통 양식을 탐색하는 과정에서 기본적으로 문화적 특성으로서의 무용 표현을 다룸으로써 한국적 움직임 커뮤니케이션의 구조와 특징을 연구하고자 하는 목적을 지닌다.

이 연구에서 사용하는 전통 한국 사회란 조선조를 지칭하는데, 그 시대가 오늘날 우리가 살고 있는 근대적 사회의 성격을 형성해 준 토대가 된다고 생각하기 때문이다. 따라서 한국적 커뮤니케이션의 특성을 먼저 전통 한국 문화를 지배한 사상과 문화적 특성, 그리고 커뮤니케이션 사상의 연구로부터 출발하고자 한다. 춤과 관련해 한국 전통 사회의 문화는 크게 두 가지 영역으로 나눌 수 있는데, 우선 유교적 문화 질서와 의식이 자리한 궁중 춤과 무속 신앙적 영향과 문화 특성이 지배적으로 드러나는 궁궐 밖의 민속 춤이 있다. 우리의 전통적인 춤이 추어졌던 구조와 상황, 그리고 공간에 대한 고찰을 통해 전통 한국 사회에서의 움직임 커뮤니케이션의 특성과 존재 방식에 대해 살펴보고자 한다.

한국 춤의 표현 방식과 커뮤니케이션의 특성을 논의하기 위해 먼저 우리 춤의 존재 방식을 서양 춤의 커뮤니케이션 구조와 대비해 살펴보고자 한다. 즉, 춤꾼과 관객 사이에 움직임을 통해 커뮤니케이션이 일어나는 구조와 관계에 주목하고, 그 다음으로 움직임 커뮤니케이션을 유도하는 움직임 자체의 특성에 대한 논의를 통해 한국 춤의 표현 방식과 움직임 커뮤니케이션의 특성을 살펴보고자 한다. 이 연구는 예술과 생활이 인위적으로 분리되어 있는 서양 춤을 일상과 예술이 분리되어 있지 않은 우리나라 춤과 비교할 경우 그 특질이 분명하게 드러나리라는 전제에서 출발한다. 이러한 춤, 즉 움직임 커뮤니케이션이 일어나는 전통적인 관계 혹은 구조는 오늘날의 움직임 커뮤니케이션에 근본적인 영향을 미쳤으리라는 것 역시 이 연구의 또 다른 전제이다.

그리하여 이러한 움직임 커뮤니케이션의 근본적인 구조에 대한 연구 위에 논의를 근대 한국 사회로 좀 더 좁히기 위해 1960년대 한국 사회에서 형성되고 유행한 신무용 계열의 춤을 중심으로 우리의 전통적인 몸의 이미지와 춤 움직임, 그리고 관객과 공연자 간의 커뮤니케이션의 구조가 어떻게 변화했는지를 추적함으로써 동작 기호에 나타나는 한국 문화의 근대적 의미와 특성을 논의하고자 한다. 그리고 이러한 춤 움직임 커뮤니케이션이 일상에서의 몸에 대한 자세와 비언어적 커뮤니케이션, 즉 신체 언어 방식에도 큰 영향을 미쳤으리라 하는 것이 이 연구의 또 다른 전제이다. 따라서 신무용에 나타나는 움직임 커뮤니케이션의 경향을 일상에서의 움직임 커뮤니케이션에 적용해 설명해 보고자 한다. 그리하여 근 · 현대 한국 사회에서의 움직임 커뮤니케이션의 근본적인 구조와 특성을 설명할 수 있으리라 생각한다.

Ⅱ. 전통 한국 사회의 움직임 커뮤니케이션

커뮤니케이션은 “기호를 통해 의미를 전달하는 현상”이라고 얘기되며 가장 효과적인 커뮤니케이션은 언어와 행위가 결합된 것이라는 데 모든 커뮤니케이션 이론가들이 의견의 일치를 보인다. 그러나 일상의 커뮤니케이션을 언어적인 것과 비언어적인 것으로 나누었을 때 여러 커뮤니케이션 이론가들은 의사 소통의 70% 이상, 학자에 따라서는 90% 이상이 비언어적 커뮤니케이션에 의해 이루어진다고 주장하고 있다는 사실은 언어를 사용하지 않는 몸의 언어 혹은 몸의 상징성의 효용을 잘 증명하는 일이다. 몸은 말에 비해 상대적으로 진실하다. 몸의 언어는 구체적인 생각이나 정보의 전달보다는 느낌이나 감정의 전달에 뛰어나며, 그 몸짓이 속한 사회의 가치 체계와 신념을 확인하는 데 가장 적합한 매체이다. 그리고 한 문화권에 존재하는 개인의 사회적 · 예술적 몸짓은 자신의 의식을 신체를 통해 드러내고 있다는 점에서 한 문화권의 가치 체계와 생각을 가장 근원적인 형태로 보여 주는 문화적 기호 혹은 문화 코드로서 생각할 수 있다. 따라서 비언어적 커뮤니케이션 연구가 문화적 맥락에서 그 구조와 특성을 연구해야 할 필요성이 있다.

커뮤니케이션을 말과 몸의 영역으로 나누어 볼 때 동양에서는 말보다 몸에 더 높은 신뢰와 중요성을 두었던 것 같다. 동양의 지적 전통에는 '최소한의 언어'로 '최대한의 진실'을 전달하려는 언어최소주의적인 생각이 뿌리깊고 이런 언어에 대한 불신은 동양 사상을 구성하고 있는 유교, 도교, 불교 전체에서 공통적으로 발견된다. 불가(佛家)의 '불립문자(不立文字)', 도가(道家)의 '언어도단(言語道斷)', 유가(儒家)의 '입상진의(立像盡意)' 등 의사 소통에 관련된 개념들은 '말이나 문자를 통하지 않은 즉각적인 깨달음', '말이 이를 수 없는 도', '모양을 만들어 뜻을 전한다', 즉 말로는 참뜻이 전달되지 못하고 몸언어가 따라야 한다는 의미를 대변하고 있는 것으로 모두 비언어적 감성을 중시하는 직관적 의사소통관이다. 즉, 의사 소통의 수단이 되는 기표(signifier)보다 기의(signified)를 더 중요시하면서 모든 대상(기의, signified)을 언어(기표, signifier)로써 표현할 수 있다는 신념을 아예 배제하고 있다. 반면 서양의 의사 소통 사상은 모든 대상을 언어로 취환할 수 있다는 신념에서 출발해 객관성과 명료성에 의해 의사 소통이 지배되어야 한다는 믿음 아래 명료화가 의사 소통의 중심적인 가치로 존중되어 왔다. 이와 달리 동양의 의사소통관은 만물의 상대성과 불확실성에 바탕하여 비언어적 직관에 의한 인식과 언행 일치를 강조하고, 나아가 말보다 몸을 더 중요한 기표로 상정하고 있다. 언어에 대한 불신으로 말미암아 비언어적 마음의 일치를 중시하고, 그러기 위해 커뮤니케이션의 주체와 객체의 구분이 미묘한 명상과 직관, 조화 중심의 통합적 의사소통관을 형성했다.

이렇듯 우리의 전통적인 의사소통관에서는 언어는 실상이나 참뜻 혹은 본체를 전하지 못하는 잠정적인 방편이고, 서양의 기호학적 사고 방식으로 말하자면 커뮤니케이션은 기호에 의해 이해되는 것이 아니라 의사 소통 주체의 의미를 통해 전달되는 것이다. 즉, 말이 아닌 인간 자체의 총체적 감수성을 중시해 기표와 기의의 분리가 아닌 통합을 의사소통의 이상으로 삼아왔다. 이런 생각이 자리 잡게 된 배경에는 몸으로 정의되는 동양의 자아관이 자리하고 있다. "동양의 가장 오래된 사전에 따르면 몸은 곧 '나'이다. 동양적 전통에서 볼 때 '나'란 육체와 정신이 분리되지 않은 몸 그 자체이다."[1] 유가 전통에서 사람은 몸을 통해 의식을 드러내어 자신의 정체를 형성하는 존재이다. 나의 몸짓은 나의 몸을 바라보는 공동체 안의 상호주관적인 시선에 의해 그 존재를 확인받는다. 따라서 유학자의 일거수일투족은 "나는 드러난다. 고로 나는 존재한다"의 틀 안에서 행해진다. 그러므로 이승환은 유가 전통에서 몸은 자아와 세계가 교통하는 방식으로 눈빛, 낯빛, 몸짓을 한 사람의 내면 상태(감정, 의지)를 드러내는 기호로 설명했다. 그런 몸적 표현들은 권력 관계나 도덕 관계 등 인간 간의 사회 질서와 역학 관계를 나타내 주는 사회적 약호 체계이다.

1 이승환, 「몸의 기호학적 고찰」, 『삶과 기호』, 기호학 연구 3집, 1997, 49쪽.

따라서 유가 전통에서는 수신(修身)을 강조하는데 '몸을 닦는다'란 관계의 망 속에 놓여 있는 자신의 역할을 잘 해나간다는 의미이다. 즉, 유가 의사 소통에 흐르는 근본 원칙인 예(禮)에 어긋나지 않는 이치를 파악해 몸으로 행위, 즉 실천하는 것이다. 이는 유가적 세계에 내재되어 있는 문화적 몸으로서의 도의를 다하는 것을 뜻하며, 그러할 때만이 비로소 사회 속에 진정한 인간으로 탄생하는 것이다. 즉, 사회적 행동 규칙에 충실할 때라야만이 유(儒) 자의 어원적 풀이인 '필요한 사람(人+需)'에 합당한 진정한 유가가 되는 것이다. 예(禮)라는 공동체의 질서에 동화하기 위해서는 개인의 감정과 욕망에 대한 끝없는 절제와 극기가 요구된다. 그리고 수많은 수양을 통한 감정의 체현과 공부한 바의 이치를 행동으로 체화해 나의 자연적인 본래의 몸은 잊혀져야 한다. 몸은 사람의 안과 밖을 이어 주는 매개이며, 『예기(禮記)』에 나오는 아홉 가지 몸의 표현법인 '구용(九容)'은 수신의 지침이 되고, 그 몸의 내면(質)과 외면(文)이 고루 빛나는 상태(文質彬彬)에 이르는 공부를 수신으로 여겼다. 그러므로 유가 전통에서는 몸의 표현을 통해 한 사람의 내면성(덕성, 감정, 의지)을 읽으려 했기에 말보다는 몸을, 즉 행동을 강조했다고 하겠다.

사회적 관계의 망 속에서 자신의 본분을 지키는 일, 즉 몸을 닦는 일이 중요하게 생각된 원인은 바로 유교 사회의 가(家) 중심적 사회 체제에 있다. 유교 사회의 가(家) 중심적 집단적 사회 구조는 전통 한국 사회의 커뮤니케이션의 기본 구조를 이룬다. 한국의 전통 사회가 지녔던 "유교적 삶에서 가치 체계의 핵심은 '가(家)'라는 사회 조직에 있다."[2] 그러므로 한국인의 언어나 사고 방식, 나아가 도덕관이나 인간관은 철저

2 최봉영, 『한국문화의 성격』, 사계절, 1997, 92쪽.

하게 가(家) 이념에 기초하고 있다. 유교적 삶에서 가(家)는 개인에 우선하고 가에 속한 사람들은 가(家)가 지향하고 있는 목표를 적극적으로 실현시켜야 할 의무를 가지고 있다. '나'라는 개체는 가(家)라고 하는 '우리'의 일부로서 존재하게 되며, 이 때 가의 조직은 '우리'라고 하는 공동체의 원형을 이루고 있다. 가(家) 조직의 확대를 논리적으로 뒷받침하고 있는 것이 어버이와 스승, 임금을 생명적 관계로 동일시하는 '삼생(三生)'의 논리이자 '군사부일체(君師父一體)' 사상이다. 즉, "사람이 세상을 살아가는 것은 생명을 낳아 준 어버이, 생명을 가르쳐 준 스승, 생명을 먹여 준 임금에 근거를 두고 있기 때문에 이 세 사람을 동일하게 섬겨야 하며, 그것을 위해서는 죽음도 마다하지 않아야 한다고 가르쳤다."[3] 그러므로 조선 시대의 선비들은 "조상 대대로 이어져 나를 거쳐 자손만대로 이어지는" 통(統)을 보전하고 영광스럽게 하는 것이 그들 삶의 목표였다. 가정에서는 가통(家統)을, 학교에서는 도통(道統)을, 왕궁에서는 왕통(王統)을 잇는 것이 그들 삶에서의 직분이었으며, 통은 유교 사회를 조직하고 통제하는 규범이었다.

이렇듯 가 중심의 집단적인 문화에서는 인간 관계가 사회 구조의 원리로서 매우 중요한 토대를 이루고 있기 때문에 사람 중심의 커뮤니케이션이 자리 잡게 되고, 인간 간의 적절한 생활 규범인 예(禮)가 의사 소통에 흐르는 근본 원칙이 된다. "예란 기원적으로는 신(天)에 대한 인간의 관계에서 비롯되었지만 이후 인간 간의 관계로 확대되었다."[4] 따라서 공동체 구성원 간의 위계 질서를 실천하는 예의 정신이 인간 커뮤니케이션의 철학적 바탕이 되고, 특히 "유교문화권 의사 소통에서 공통적

3 최봉영, 앞의 책, 1997, 97쪽.

4 성광수 · 김성도, 「한국인의 언어예절과 신체언어」, 『몸짓언어와 기호학』, 문학과지성사, 2001, 85쪽.

으로 발견되는 특성인 존대 예절"[5]이 바로 이러한 사람 중심의 소통 원칙에서 비롯되었다고 생각한다. 따라서 상대에 대한 존대의 표현이 존자 우대와 상대 중심, 청자 중심의 언어 표현과 몸짓 표현으로 나타나고, 그와 동시에 자신에 대한 겸손의 표현이 자리 잡게 된 것이다. 다른 사람과 친하고 함께하자면 '사람을 사랑하는 것(愛人)', 즉 인(仁)의 마음가짐이 필요하다. 따라서 인화(人和)를 위해 자기 절제의 훈련이 필요하고 자기 감정보다 남의 감정을 우선 배려하는 의사 소통 방식을 형성하게 되었다. 이렇듯 나보다 남을 먼저 생각하는 이기심을 타파하는 방법론이 인(仁)에 기초한 전통 한국의 의사 소통 방법인 것이다.

이런 관점에서 우리의 전통적 의사 소통 방법은 구체적이고 명확한 정보의 전달이나 적극적인 자기 개성의 표현보다는 비언어적 마음의 일치를 이루는 데 더 비중을 둔다. "인간 관계의 가장 이상적인 상태가 서로 감정적인 마찰 없이 조화로운 상태를 유지하는 것이고, '우리'라는 단어가 집단을 의미하기보다 '일치된 마음의 상태' 또는 인화를 강조하는 의미에서 사용되는 사회"[6]에서는 의사 소통의 주체와 객체가 명확히 구분되지 않고 기표와 기의 역시 분리가 아닌 통합된 상태를 보여 준다. 그리고 의사 소통 방식이 상황에 따라 가변적이고 생성적이며 비언어적 감성을 중시하는 직관적이다. 따라서 우리의 전통적인 소통 방식은 맥락과 상황의 논리에 맞아야 하고, 직접적인 표현 방식보다는 간접적인 의사 표현을 즐겨하여 이심전심의 의사 소통의 특성을 지닌다. 미국의 문화인류학자 에드워드 홀(Edward Hall)은 "동양 사회의 문화는 언어의 메시지뿐만 아니라 상황의 맥락을 이해해야 상대방의 진의를 파

5 성광수 · 김성도, 앞의 책, 2001, 91쪽.

6 신인아 · 김숙현 외, 「동서양의 인간관계」, 『한국인과 문화 간 커뮤니케이션』, 커뮤니케이션 북스, 2001, 127쪽.

악할 수 있는 고맥락 문화라고 하고, 한국인은 맥락의존도가 높은 문화(high context culture)"[7]라고 했다. 맥락의존도가 낮은 문화권에서는 메시지 그 자체의 언어적 표현에서 의미를 찾고자 하는 데 비해 "한국 사람들은 자신의 마음을 잘 표현하지 않고 자신이 뜻하는 바를 맥락 속에 묻어버린 다음 상대가 알아서 헤아려 주기를 바라는 '이심전심' 커뮤니케이션을 즐겨 사용한다."[8]

그러나 서양의 인간관과 커뮤니케이션, 그리고 근대 사회는 철저하게 개인주의에 기초하고 있다. 서양의 근대적 인간관은 평등사상과 개인주의에 기반해 형성되었으며 개인의 정체성은 다른 사람과의 관계에서 형성되는 것이 아니라 선험적으로 존재하는 것이라 본다. 어느 한 인간은 "그 사람 '자신(self)' 또는 '더 이상 나눌 수 없는 것'이라는 의미의 '인디비듀얼(individual)'로 본다."[9] 서양의 근대 사상가들은 가족을 사적 개인의 가장 큰 적으로 간주하고 개인의 권리를 절대시하는 방향으로 근대 사회의 발전을 이끌어 왔다. 따라서 서구의 반가족주의적 개인 중심의 근대 사회는 가정과 학문, 그리고 왕궁에서 부자(父子) 간, 사제(師弟) 간, 군신(君臣) 간의 가족적인 인간 관계에서 자아의 발견과 완성을 도모하고, 나아가 자아의 외연적 확장을 통해 이상적 정치와 사회 건설을 기하는 유가적 전통 한국 사회와는 정반대의 기반 위에 서 있다. 개인주의 사회에서는 개인의 독창력과 업적을 강조하고 업무 중심의 위계질서를 가지고 있다. '사적 개인(private individual)'의 사회에서는 각 사람들의 차이나 개성이 인정되고 적극적인 자기 표현과 메시지의 명료성이 강조됨과 동시에 보편적 가치가 통용된다.

---

7 신인아 · 김숙현 외, 앞의 책, 2001, 130쪽에서 재인용.
8 신인아 · 김숙현 외, 위의 책, 2001, 225쪽.
9 함재봉, 「한국인의 가치 형성과 정치문화」, 『한국의 문화변동과 가치관』, 나남출판, 2002, 93쪽.

반면 집단적인 가(家) 중심의 전통 한국 사회에서는 집단의 조화와 합일을 추구하고 각기 다른 그룹의 다른 가치를 인정하는 경향이 있으며, 인간 관계를 중시해 인화를 위한 극기와 자기 절제 훈련이 요청된다. 또한 적극적인 자기 표현보다는 비언어적이고 모호한 표현 특징과 신중한 사회적 행동이 요구된다. 따라서 간접적인 표현을 중시하며 자신을 드러내기를 꺼릴 뿐 아니라 함축적이며 완곡하게 의사를 표현한다. 이런 인간 관계 우선의 사회 구조에서는 주위 분위기와 상대 입장을 고려해서 의사 소통을 진행해야 하고, 피전달자는 언어로 표출되지 않는 내면의 의미까지를 파악하도록 요구받는다. 그러므로 이런 사회에서 좋은 인간 관계를 지녔다고 평가받는 사람은 수직적인 위계 질서를 잘 지키는 사람을 뜻한다. 나이가 많은 사람은 어린 사람에 비해 더 많은 권위를 가지며, 산업화가 덜 되고 일을 천시하는 사회적 분위기로 인해 나이에 비례하는 경험적인 지식이 인정받았으며, 반면에 기술문화와 장인 정신은 경시되었다. 그러나 개인의 능력에 따른 업무 중심의 위계 질서를 지닌 서양의 사회, 문화는 커뮤니케이션에서도 개인의 자기 주장과 자기 표현이 강하고 자신을 드러내는 데 솔직하고 개방적이다. 그리고 메시지의 객관성과 명료성을 강조해 몸 담론을 제외한 언어적 텍스트 분석과 전달 매체의 정확성을 중시해 매체 형식의 기교와 기술 발전에 매진했다고 볼 수 있다.

이제까지 살펴보았듯이 한국 전통 사회는 언어최소주의적인 동양의 사상적 배경과 인간 관계가 중시되는 가(家) 중심의 집단적인 사회 구조 위에 기표보다는 기의가 중시되고 따라서 의사 소통에서 말보다는 몸이 중시되는 커뮤니케이션의 구조적 특성을 지니게 되었다. 그리고 사람을 사랑하는 인(仁)의 마음가짐에서 출발한 의사 소통 방식은 남의 감정을 우선 배려하는 예(禮)라는 의사 소통의 원칙을 낳았으며, 그 원칙에 따라 상대 중심과 청자 중심의 존대 예절과 나아가 '일치된 마음의 상태'를 중시하는 의사 소통의 주체와 객체의 통합을 지향하는 특징을 지니게 되었다고 하겠다. 그리고 이상적인 인간 관계를 위해 마찰을 피하고 마음의 일치를 위해 모호하고 간접적인 완곡한 의사 표현 방식은 근본적으로 비언어적인 의사 표현의 성격과 신중한 사회적 행동으로 나타났다고 하겠다. 따라서 언어로 표현되지 않은 내면의 의미까지를 파악하도록 요청받는 전통 한국 사회의 이심전심식 의사 소통 참여자는 모두 복잡한 상황의 맥락과 사람의 일거수일투족의 행동적 의미를 예민하게 읽어낼 수 있는 뛰어난 움직임 분석가들이었다고 하겠다. '구용(九容)'과 '문질빈빈(文質彬彬)' 같은 성공을 위한 사회적 몸의 표현법을 공부하고 시행하고자 한 조선조 선비들에게 몸의 표현은 단지 개인의 완성 차원에 그치는 것이 아니라 그 위에 이상적인 정치와 사회 건설이 가능한 문명화된 몸의 정치의 필수적인 토대였다. 그러므로 전통 한국 사회에서의 움직임 커뮤니케이션은 이상적인 사회 건설과 유교적 질서 규범을 실현하는 수단이자 출발이었다.

Ⅲ. 한국 춤의 소통 구조와 커뮤니케이션

문화란 한 공동체가 당연하게 받아들이는 삶의 방식이자 그 구성원들이 세상을 보고 생각하며 표현하는 일체의 커뮤니케이션 현상이라고 볼 수 있다. 각 문화의 고유한 사고 방식과 행동 양식은 전통이나 습관이라는 이름으로 일상 속에 자리 잡고 그 사회의 가치관을 담고 있으며, 이는 그 구성원들의 언행으로 나타나게 된다. 일반적으로 언어란 문화를 창조하는 원동력으로 생각하는데, 그 이유는 사람의 생각과 느낌을 표현하는 수단으로서의 글이 사람을 사람되게 하는 본질적인 요소라 생각했기 때문이다. 그러나 말이 글보다 먼저 생겼기 때문에 언어의 본질을 글보다 말에서 찾아야 한다고 얘기하기도 한다. 하지만 몸짓은 말보다 그 발생에서 원초적이며, 따라서 더 근원적인 공동체적 의미를 담고 있는 대상이자 커뮤니케이션 방법이라 하겠다. 몸은 전문화적이고 전언어적이어서, 즉 몸을 움직이는 능력이나 몸짓은 언어나 문화 습득 이전에 자연스럽게 이루어지고 선천적으로 타고나는 것이기에 모든 상징의 일차적 근원이라 하겠다. 그리고 가장 고차원적인 상징 구조와 담론은 모두 육체적 감각으로부터 나온다. 따라서 여기에서는 상징의 자료이자 문화적 기표들의 원천이 되며, 궁극적인 기의인 몸을 그 사회의 가치관과 인간 관계, 그리고 세계관을 담고 있는 커뮤니케이션의 중심으로 삼아 그 위에 한국 춤에서 일어나는 의사 소통의 문화적 특성을 살펴보고자 한다.

앞에서 살펴본 유교문화에 입각한 커뮤니케이션 사상과 움직임 커뮤니케이션의 특성들은 전통 한국 춤의 표현 방식과 공연상의 특성에서도 매우 두드러지게 발견되고 있다. 유교식 가족주의는 한국 춤에서 가(家) 중심의 집단적인 창작 방식과 공연 형식으로 나타난다. 한국의 전통 춤은 궁중에서 이루어진 궁중 춤과 서민 사회에서 행해진 민속 춤의 두 가지로 크게 나눌 수 있는데, 이들은 모두 창작 과정과 공연 형식에서 집단적이며 서양 춤의 경우처럼 개인적이지 않다. 우선 궁중 춤의 경우 먼저 춤의 제목과 내용이 왕이나 문신(文臣)에 의해 만들어진 다음 악사에 의해 가사에 붙일 음악이 작곡되고, 그 다음 정재(呈才)를 담당하는 기녀에 의해 춤이 안무되는 과정을 거친다. 즉, 왕실의 상하가 사람 중심의 위계 질서에 의해 모두 참여하고 가족의 성원들이 각기 맡은 바의 본분을 다하듯이 이들은 각기 공연 창작 과정에서도 주어진 역할에 충실하고 자신의 개인적인 아이디어를 적극적으로 주장하지 않고 공통의 노력에 의해 합일된 결과물에 만족한다. 그러므로 가족적 협업의 결과물인 그 춤에 대해 '우리'의 것이라고 할지언정 나 개인의 춤이라고 얘기할 여지는 누구에게도 없는 것이다. 그리고 민속 춤의 경우도 누구 개인의 안무라기보다는 여러 사람의 손을 거쳐 창작되고 매 공연에서의 즉흥적인 요소가 가미되고 현장에서의 소리꾼이나 광대 등의 다른 연기자와의 교감에 의한 영향이 커서 개인 춤꾼만의 능력으로 평가받는 일은 없다.

전통적인 민속 춤인 탈춤의 연희 방식에서도 개인성을 발견하기가 힘들다. 사당패나 광대패로 불리운 탈춤패거리는 하나의 가족적인 집단을 이루고 살았으며 전국을 유랑하며 공연했다. 그리고 어느 탈춤패의 솜씨는 춤꾼과 소리꾼, 그리고 다른 연기자들이 서로 얼마나 잘 어울려 하나의 신명난 판을 만들어 내는가에 의해 평가받는 패거리 단위의 공연 구조를 지니기 때문에 서양의 경우처럼 '스타 공연자(a star performer)'가 공연의 성패를 좌지우지하지 않는다. 오히려 공연자들이 얼마나 잘 조화를 이루고 통하여 하나 되는지, 나아가 관객과의 마음의 일치를 유도할 만큼 개인 간의 경계가 허물어지고 집단적인 카타르시스를 불러일으키는지에 오히려 후한 평가점수가 주어지는 편이다. 이러한 조선조 유랑 연예인들인 탈춤패의 공연 구조는 근본적으로 개인적인 서양의 경우와 사뭇 다르다. 르네상스 초기 유럽 전역을 마차로 떠돌아다니며 공연하던 유랑 연예인들은 마차의 뒷막을 배경으로 음유시인과 집시 댄서, 그리고 재주꾼들의 개별적인 솔로 공연의 레퍼토리로 전체 공연이 이어진다. 따라서 장르가 다른 개인 공연자들의 능력은 독자적으로 평가받음에 비해 우리네 탈춤이나 농악판에서는 모든 장르의 연희자들이 함께 출연해 춤과 노래와 얘기를 동시적으로 주거니 받거니 하며 소통하는 전체적인 맥락에서 이루어지므로 개인 연희자의 존재감이 아예 없거나 희박하다 하겠다.

이에 반해 서양 춤의 경우는 철저하게 개인적인 춤이자 업무 중심의 위계 질서를 지닌 창작과 공연 형식이다. 서양의 고전 춤인 발레는 근본적으로 르네상스 귀족들의 사교 춤(court dance)에서 비롯되었다. 사교 춤은 쌍쌍춤(couple dance)으로 '나'의 부(富)와 개성을 댄스 파트너에게, 그리고 댄스 파티에 참가한 귀족 사회 성원들에게 효율적으로 과시하기 위한 목적에서 비롯되었다. 서양에서 개인의 정체성은 한국의 전통 사회처럼 타인과의 관계 속에 형성되는 것이 아니라 각 개인은 선험적인 존재이며 사적인 존재이다. 발레는 그러한 서구의 독립적인 자아 개념을 표출하는 데 가장 뛰어난 표현 매체이다. 즉, 발레에서 드러나는 몸은 귀족 사회의 매너와 행동 규범에 따른 귀족적인 몸을 선보이고 남과 다른 나만의 차이와 개성을 드러내며 자신의 부와 우월함을 과시하는 문명화된 몸의 전형이었다. 그리고 예술 형식으로 서양 춤이 발전해 가면서 서양 춤의 몸은 사회적인 지위와 부를 드러내는 지표로부터 점차 적극적으로 개인의 감정과 욕구를 표현하는 수단으로 변화해 갔고, 기교 경쟁을 통한 차별화와 서열화를 위해 기술 경쟁으로 치달은 무용 문화의 총아이자 절대적인 관심사였다.

그리고 귀족 춤이 유행하면서 처음부터 발레 마스터라고 하는 창작과 지도를 담당하는 무용교사, 즉 전문 직업이 생겨났을 뿐 아니라 장치와 음악, 그리고 대본을 담당하는 자들이 각기 분화되고 무용수들인 왕을 비롯한 귀족과 그 부인들은 자아정체성과 가치의 표현 매체인 몸의 연마에 열중하는 업무상의 분리와 전문화가 처음부터 자리 잡았다. 그리고 귀족들의 여흥 춤인 발레가 점차 전문화되면서 발레단의 무용수들의 서열도 기술 수준에 따라 수석 무용수와 솔리스트급, 그리고 군무진 등으로 기술적인 수준에 따라 차등화되는 업무 중심의 위계 질서가 자리 잡게 된다. 그리고 고전 발레에서는 각 무용수의 기교적 수준에 따라 난이도가 다른 동작이 주어질 뿐 아니라 안무 구조도 가장 기술적으로 뛰어난 솔로 무용수, 즉 수석무용수를 강조하기 위해 모든 시선을 개인 무용수에게 집결시키는 구조를 지니고 시간적 진행에서도 이야기 진행의 클라이맥스 부분에 수석무용수의 춤을 위치시키는 안무상의 구조를 지닌다. 그러나 조선의 궁중 춤에서는 기교 수준에서나 형태로나 동일한 동작을 군무 무용수들이 각자의 위치에서 똑같이 실시하고 무용수의 기술 수준에 따른 수직적 위계 질서가 존재하지 않는다. 그리고 서양과 같이 축제에서 비롯된 춤임에도 불구하고 우리의 경우 쌍쌍춤이란 형식은 없으며, 솔로춤의 경우도 조선 후기에 이르러 1820년대 말 효명세자에 의해 두 가지 정재가 처음 창작되었을 뿐 그 이전까지는 찾아볼 수 없다. 따라서 대부분의 춤이 군무인 우리 춤의 구조에서 개인의 인식이나 차이 또는 개성의 징후는 찾아보기가 힘들다.

인간 간의 적절한 생활 규범인 예(禮)를 의사 소통의 근본 원리로 삼는 동양의 커뮤니케이션 사상은 한국 춤에서 개별 동작의 구체적인 표현성보다는 관객에 대한 무용수의 예법이나 춤의 전체적인 제시법을 중요하게 생각하는 데에서 발견된다. 예의 정신은 공동체 구성원 간의 인간적 질서를 구현하는 인간 커뮤니케이션의 철학적 바탕이자 사람 중심의 유교권 의사 소통의 원칙으로서 존대 예절과 상대 중심적 표현 방식으로 나타난다. 춤에서 존대 의식은 궁중 춤에서 춤을 시작하고 끝낼 때 한삼 낀 두 손을 모아 입을 가리고 춤의 내용을 담은 노래를 한 뒤 몸 앞으로 내려 공손하게 절을 하는 것과 등·퇴장을 할 때의 경의를 갖춘 몸가짐 등에서 알 수 있다. 춤을 추는 동안 무용수의 눈빛, 낯빛 등의 용모와 몸짓은 모두 단정하고 온화하며 공손하고 덕성스럽게 하여 최대한 관객에 대한 겸손한 자세와 공경의 태도가 요구된다. 이는 궁정 연희(演戱)를 관람하는 왕을 비롯한 고관대신들에 대한 무용수의 군신지간의 사회적 질서감이나 인간 관계에 대한 인식이 춤추는 동안이나 그 전후에도 단절 없이 작용하고 있다는 것을 말한다. 즉, 공연자로서 무용수의 역할이 그 무용수의 인간적 본분과 질서 관계를 초월할 수 없으며, 이는 춤을 추는 동안이나 전후에도 변함없이 전체적으로 일관성을 유지한다.

하지만 서양 발레의 몸은 찬미와 욕망에 가득 찬 시선의 대상으로서 일상의 몸과는 다른 완전한 존재라는 차별성이 전제되어 있다. 그리고 무용수의 개인적인 정체성은 춤추는 동안 사라지고 극중의 캐릭터로의 변신과 전이(transformation)는 춤의 예술적 효과를 위해 요청되는 바이다. 캐나다의 철학자 프란시스 스파샷(Francis Sparshott)은 무용의 예술적 특성으로서 전이를 그 한 요소로 설명한 바가 있다. 따라서 프랑스의 루이 14세가 발레 속에서 여인숙 아낙네 역을 춤추는 것과 같은 일은 우리의 전통 사회에서는 있을 수 없는 일이 된다. 조선 후기 효명세자는 자신이 주최한 궁중 연향의 준비를 위해 기녀들의 궁중 춤 연습을 감독한 일로 상소를 받았는데, 이유는 대리청정을 하고 있던 효명이 남녀유별의 유교적 법도를 어기고 왕의 체통에 적절치 않은 행동을 했다고 생각했기 때문이다. 이러한 동서양 궁중 춤의 차이는 바로 플롯(plot)의 유무에 기인한다고 볼 수 있다. 하지만 한국 전통 춤에서는 플롯의 유무와 상관없이 무용수가 인간적 관계를 끊고 가상의 스토리텔링의 매체로 완전하게 전이되는 것이 허용되지 않는다. 이에 비해 서양의 경우 무용수는 춤 속 배역에 따라 왕과 공주와 같은 행동을 하는 것이 허용되고 자신의 환상적인 역할을 연기하는 화려한 기교의 과시 뒤에 이어지는 관객들의 열렬한 환호에 답하기 위해 자신의 본연의 무용수로서의 정체로 돌아와 답례한 다음 다시금 극중의 역할로의 전환이 가능하다. 즉, 극중의 역할 연기를 하면서도 여전히 자신의 개인적 정체성은 보장받고 있는 것이다. 그리고 발레극의 중간 어려운 기교의 실시 뒤에 하는 절은 자신의 차별화된 몸과 뛰어난 춤 솜씨에 대한 관객의 인정의 박수를 받기 위한 것이어서 한국 궁중 춤의 관객을 향한 공경의 마음과는 정반대의 성격을 지닌다.

이러한 동서양 춤의 소통 구조의 차이는 공연장의 특성에 일부 기인한다고 할 수 있다. 춤이 제시되는 공연장의 구조가 서양의 경우 무대가 돌출되어 높이가 객석보다 높고 객석의 조명이 꺼지고 무대에만 조명을 밝힘으로써 일상의 시간성과 공간성은 사라지고 무대에로의 몰입이 이루어지도록 하여 무대에서 객석으로 향한 일방적인 이야기 방향이 형성된다. 이는 일상적인 시간성과 공간감으로부터 차별된 극적인 맥락을 조성하기 위해 객석과 무대의 구분을 강화하는 대립적 이원 구소를 형성하는 것이다. 이와는 달리 전통 한국 춤의 공연 구조는 궁정의 뜰이나 동네 공터의 원형의 공간에서 주위를 돌려가며 관객들이 자리 잡기 때문에 공간상의 중심에서 춤이 진행된다. 그리고 객석과 무대의 구분이 조명으로나 시설 구조물로나 명확하지 않기 때문에 춤 커뮤니케이션의 주체와 객체가 명확하게 구분되지 않는 쌍방향의 수평적 공연 방식이 된다. 즉, 관객들의 일상적인 시간성과 공간성은 공연자의 그것과 차이가 없이 공존하며 넘나든다. 이렇듯 움직임 커뮤니케이션의 발화자와 청자가 같은 시·공간에 존재할 때 가능한 몸의 언어는 정보 전달의 기능보다는 공동체 안에서의 유대감을 공고히 하게 하고 공유하는 신념의 표상을 나눠 갖게 하는 기능을 담당하는 데 특성을 지닌다. 그리고 공연 중이나 뒤풀이에서의 관객과 공연자 간의 소통과 교류는 장려되고 이러한 만남은 공연자의 탁월성을 증명하는 것이 되기 때문에 춤이 일어나는 공간은 관객과 공연자 간의 차별을 강조하는 것이 아니라 만남을 확인하고 하나됨이 이루어지는 교차로(intersection)가 된다. 미국의 인류학자 홀은 "일본에서는 거리(street)를 명명하기보다는 그 길들이 만나는 교차로를 명명한다"[10]고 지적하면서 일본 문화에서 차지하는 중심(center) 개념의 중요성을 지적한 바 있다. 중앙집권적 봉건 사회를 오랜 동안 유지해 온 우리나라의 경우도 이런 춤이 일어나는 공간은 개인과 개인이 만나고 마음의 일치를 이루는 교차로의 역할을 하는 중심으로 상호주의 원칙의 움직임 커뮤니케이션이 일어나는 곳이라 하겠다.

기표보다 기의를 중시하는 유교적 커뮤니케이션 사상은 춤의 매체 기술인 기교를 중시하는 서양과 달리 통합체로서 무용수의 몸을 주목한다. 이런 관점은 결과적으로 한국 춤에서 추상적인 동작 성격과 적극적인 기교의 계발을 등한시해 온 특성들로 나타난다. 유교 전통에서 기표란 중요하지 않으며 모든 대상(기의, signified)을 언어(기표, signifier)로써 표현할 수 있다는 신념은 처음부터 배제되어 있다. 따라서 춤의 언어인 테크닉과 그 기술적 발전에 몰두한 서양과 달리 전통 한국 춤에서는 움직임과 무용수의 통합을 중시한다. 그리고 한국 춤의 동작은 근본적으로 표현적인 의도가 부재하거나, 있다 하더라도 사실성이 부족할 뿐 아니라 추상적이며 모호한 표현 특성을 지닌다. 이는 전통 한국 춤이 노래나 창을 통해 춤의 내용을 동시적으로 얘기하는 구조를 지닌데 부분적인 원인이 있기도 하다. 그러나 어떤 경우에도 하나의 동작이 일정하게 고정된 의미를 지니는 경우는 없으며, 어느 동작 기호에 의해 구체적인 의미의 전달이나 의사 소통이 이루어지는 것이 아니라 무

10 Edward Hall, *The Hidden Dimensions*, N.Y.: Anchors Books, 1966, 149쪽.

용수 자신의 의미와 장치와 음악 등을 통한 춤의 전체적인 맥락을 통해 전달한다. 의사 소통의 주체와 객체가 엄정하게 분리되지 않는 공연 구조와 개별자가 아닌 전체가 강조되는 공연 상황에서 구체적이고 사실적인 몸짓과 손짓의 언어가 아닌 무용수 자체의 총체적 감수성이 배어나는 직관적 느낌을 강조한다. 따라서 기표와 기의의 분리가 아닌 통합을 의사 소통의 이상으로 삼는 유교적 커뮤니케이션 사상은 무용수와 움직임의 통합이라는 결과를 낳는다. 즉, 동작으로부터 기인하는 표현성이 있다면 그것은 무용수 자체의 표현성과 분리할 수 없을 만큼 밀착되어 있다는 것이다. 즉, 몸은 무용수의 내면을 드러내는 기호가 되고 동작 기호 혹은 몸짓 상징은 무용수로부터 독립적으로 존재하지 못하며, 무용수의 존재감이나 기의가 압도적인 주목의 대상이 된다. 따라서 전통 한국 춤에서는 고정적 의미를 지닌 동작 기호를 발견하기가 힘들며, 모든 기호는 의미가 양쪽으로 열려 있다고 볼 수 있다.

따라서 춤의 매체 기술인 기교를 등한시하는 우리 전통 춤의 의사 소통은 상황에 적합한 동작 기호로 이루어진다고 할 수 있겠다. 반면 서양 춤의 동작 기호는 각 제스처의 언어적 의미가 분절되어 있고 이들 간의 유기체적 지각 혹은 총체적인 인식은 부족하다. 대표적 서양 춤인 발레의 경우 발레극의 플롯이 내포하는 문자화된 줄거리를 구체적이고 사실적이며 명료한 판토마임식의 몸짓으로 전달한다. 물론 발레에도 내용과 상관없는 볼거리용의 춤들도 있지만 극의 전개를 전달하는 춤의 경우 각 손짓과 제스처는 이에 대응하는 구체적으로 고정된 일 대 일의 의미를 지니고 있으며, 그 표현 방식은 성격상 대개 사실적이고 모방적이다. 이는 동서양의 문화적 차이를 각기 집단주의(collectivism)와 개인주의(individualism)로 나누어 "미국, 영국과 같은 개인주의 사회에서는 의사 결정을 위한 사실적 정보에 의존하는 개인의 독창력과 업적이 강조되며 메시지의 명료함이 강조되는데 비해, 중국 · 한국 · 일본과 같은 집단의 조화와 합의를 추구하는 집단주의 사회에서는 커뮤니케이션이 비언어적이고 모호한 표현적 특성을 지닌다"[11]라는 주장에 적합한 춤의 예라 하겠다.

그리고 발레 무용수 간의 우월을 증명하기 위해 촉발된 기교 경쟁은 체계적인 기술 분석과 교수법, 그리고 고난이도의 발전된 기교라는 결과를 낳았다. 그리고 기교적으로 발전적으로 어려워지는 테크닉을 실시하는 체계적인 방법론은 보편적으로 규정되어 있어 개인마다 다르게 실시할 수가 없다. 그러나 전통 한국 춤의 경우는 각 동작이 형태적으로나 실시 방법에서 보편적인 하나의 방법론으로 확정되어 있는 것이 아니라 무용수에 따라 즉흥적인 해석에 따른 다른 멋과 개성의 가치에 주목한다. 그러므로 서양 춤의 발전사는 춤의 매체인 기교와 몸의 단련에 매진해 왔으며 그 방법론적 발달사라 할 수 있다. 이는 서양의 이성적이고 언어적이며 기능 위주의 커뮤니케이션 사상이 반영된 결과이며 "매체는 메시지이다(The medium is the message)"라는 맥루언(Marshall McLuhan)의 생각에 꼭 들어맞는 예라 하겠다. 기본적으로 메시지가 매체에 종속된다는 맥루언의 유명한 경구 "매체는 메시지이다"는 기의(signified)에 대한 기표(signifier)의 우위를 내세우는 기호학자와 흡사하다.[12] 그러나 언어나 매체 기술은 동양적 의사소통관에서 볼 때 본질과 무관한 방편들이다. 따라서 전통 한국 춤의 경우 장인과 기술문화가 경시되는 유교 사회의 영향과 아울러 눈이 번쩍 뜨일 대단한 기교의 과시보다 내면의 움직임의 흐름 혹은 기운 생동(氣韻生動)을 더 중시하는 예술적 분위기로 인해 춤의 매체인 신체를 드러내기보다 감추고 테크닉

11 김우룡 · 장소원, 『비언어적 커뮤니케이션』, 나남출판, 2004, 118쪽.
12 김정탁, 『노장, 공맹 그리고 맥루언』, Next, 2004, 60쪽.

의 방법론적 기술적 발전을 등한시해 왔다. 기교적으로 팔과 다리 운동 등의 신체 부위별로 분화되고 난이도에 따른 발전적이고도 체계적인 교수법과 분류법, 그리고 각 스텝(step)의 용어를 가진 발레와 달리 한국 춤은 전 신체에 걸친 동작의 조화와 안정, 그리고 흐름을 중시하기 때문에 한 부위의 움직임을 몸 전체로부터 떼어내어 학습하는 것 자체가 불가능하고 각 동작에 대한 용어조차 확립되어 있지 못하다. 이런 전체적 맥락에 대한 강력한 관련성은 동작 구성, 즉 안무에도 마찬가지이어서 한 동작과 그 다음 동작의 연결이나 이음새가 분명하게 드러나지 않고 자연스레 동작들이 이어질수록 뛰어난 예술 경지의 춤이라 생각한다.

그러면 한국 춤에 나타나는 움직임 커뮤니케이션의 기호적 특성은 무엇일까? 춤을 시작하면서 이 춤이 왕에게 전달하고자 하는 메시지를 노래하면서 시작하는 한국의 궁중 무용수는 춤추는 내내 공손하고 음전한 태도와 겸손하고 신중한 몸가짐이 요청된다. 한국 궁중 춤에 깃든 몸짓 코드는 마치 조선 선비들이 몸과 마음을 가다듬는 데 절실한 것으로 생각한 구용(九容, 容: 태도)의 몸가짐과 비슷하다. "율곡이 『격몽요결(擊蒙要訣)』에서 주장한 구용과 구사(九思)는 비록 그것이 그의 독창적인 주장이 아니더라도 선비들의 훌륭한 규범이 되어 왔다. 구용이란 족(足)용은 무겁게, 수(手)용은 공손하게, 목(目)용은 단정하게, 구(口)용은 조용히 다물고, 성(聲)용은 조용히, 두(頭)용은 곧고 바르게, 기(氣)용은 엄숙하게, 입(立)용은 덕성스럽게, 색(色)용은 씩씩하고 명랑하게 하는 것이다."[13] 이런 움직임상의 코드는 한국 궁중 춤 전반에서도 발견되는 내부적으로 공통된 몸짓 혹은 고유한 문화적 특성이라 할 수 있다. 물론 이러한 근본적인 몸가짐 위에 음악에 맞추어 가볍고 섬세한 스텝이 가미

13 성광수 · 김성도, 앞의 책, 2001, 83쪽.

되지만 기본적인 몸짓 코드는 변화가 없다. 이런 기본적인 몸가짐이 서양의 우아한 자세와 현란한 기교의 역동적인 몸짓에 익숙해 온 관객들이 우리의 전통 춤을 지루하고 느리다고 생각하는 원인이 되는 속성이다. 그렇지만 이런 동작 기호적 특성은 조선조 궁중 연회에서 일상의 몸짓 코드와 일치하는 비언어적 소통 행위인 춤의 상황에 왕이나 신하들이 참여하기도 하고 훌륭한 춤꾼으로 실록에 기록되고 있는 이유가 되기도 한다. 수백 년간 기교적으로 다듬어진 정교한 디자인에 맞추어 사지 말단을 정확한 위치에 두는 것을 중시하는 발레와 달리 우리의 전통 춤은 근본적으로 체간 운동으로 몸의 중심에서 일어나는 움직임을 중시한다. 그리고 힘의 사용도 손목까지 이루어져 손끝, 발끝의 디테일은 흘러가는 데로 내버려두거나 무시하는 경우가 많다. 궁중 춤에서 손과 발은 한삼과 긴 치마로 덮여 드러나지 않으며 손발이 드러나는 민속춤의 경우도 관객들이 주목하는 바는 춤의 리듬과 흥취가 살아나는 어깨춤이나 사지의 굴신 등 몸의 중심으로 발끝의 재주에 주목하는 서양 춤과 차이가 있다.

이제까지 살펴본 상호주의 원칙의 움직임 커뮤니케이션 구조와 상황에 적합한 동작 기호, 그리고 일상의 몸짓 코드와 일치하는 춤의 언어는 우리가 왜 가무 민족으로 이름을 날리게 되었는지를 설명해 주는 요인들이다. 게다가 우리 춤은 근본적으로 음악을 느낄 수 있고 그것을 표현할 감성만 갖추었다면 누구나 춤을 잘 출 수 있는 즉흥성을 기본 속성으로 가지고 있다. 얼굴 학자 조용진은 한국인의 체질에 가장 맞는 예술이 무용이라고 했다. 그 이유는 우리 춤이 "체간의 움직임을 미묘하고 섬세하게 조절해 힘과 섬세함의 조화를 이루는 춤 양식이기 때문"이라고 하고, "우리 민족은 체간부 움직임에 유리한 뇌형을 가졌기 때문에 연습으로 섬세함만 보완하면 비교적 쉽게 좋은 춤을 출 수 있다"[14]고 했다. 세계의 민족을 주로 사용하는 두뇌의 부위에 따라 우뇌형과 좌뇌형으로 나눌 때 한국인의 70%가 우뇌가 발달한 우뇌형 인간이라 한다. 좌뇌는 이성과 논리, 언어, 수리를 관장하고 우뇌는 감성과 직관, 창조, 느낌 등을 관장한다고 한다. 그러면 우리 민족이 뛰어난 춤꾼인 이유는 바로 우리가 감성이 깃든 뇌인 우뇌를 많이 사용하는 민족이라는 사실에서 찾아볼 수 있겠다. 그리고 우리나라 무용수들이 세계적으로 그 춤 솜씨를 인정받으면서도 뛰어난 안무자가 적고 작품의 논리성이 부족한 이유도 바로 이러한 우리의 사용하는 뇌의 위치에 기인하는 것으로 생각해 볼 수도 있겠다. 즉, 춤 솜씨는 감성뇌인 우뇌와 상관 있지만 안무력은 좌뇌의 논리적 능력과 관계 있기 때문이다. 이런 상관성은 한국 축구에서도 발견된다. 우뇌형의 한국 축구선수와 좌뇌형 국가인 네덜란드의 히딩크 감독이 어우러져 골 결정력에 문제가 있었던 한국 선수의 투지가 골로 이어진 것도 같은 이유라 하겠다.

이제까지 살펴본 바와 같이 전통 한국 춤의 몸짓과 소통 방식은 우리의 사회적 구조와 문화적 특성, 그리고 커뮤니케이션 사상을 반영하고 있음을 알 수 있었다. 그런데 동물 행동학자의 전통적 이론에 의하면 커뮤니케이션 신호는 송신자와 수신자 쌍방이 서로 이익을 얻도록 진화한다고 한다. 한국 사회가 급격하게 근대화되어 가면서 춤에서 움직임 표현 구조와 몸짓 소통에도 커다란 변화가 일어나게 되는데 이 역시 일상에서의 사회적 · 문화적 변화와 커뮤니케이션 구조의 변화의 맥락에서 살펴보고, 그것이 수신자와 송신자 쌍방의 이익을 위한 진화인지의 여부를 이어지는 절에서 다루고자 한다.

---

14 조용진, 『얼굴』, 사계절, 1999, 243쪽.

Ⅳ. 1960년대 한국 신무용에 나타난 몸짓 소통의 근대적 변모

신무용이란 1920년대 우리나라에 서양의 극장 춤 형식인 발레와 현대무용이 소개되면서 서양의 신식 예술 춤을 뜻하는 용어로 탄생했다. 여기서 신식이란 의미는 우리의 전통 한국 춤에 비해 다르다는 뜻인데, 그 새로움의 대상에는 서구의 예술 개념을 비롯해 춤의 창작과 형식, 그리고 아름다움과 기교, 이념상의 차이가 모두 포함되는 의미였다. 초기의 장르 구분이 되지 않은 상태에서 한국 전통 춤에 기반한 서구식 예술 춤으로서 신무용이 양식적으로 완성되는 시기는 1960년대와 1970년대라 하겠다. 이 시기는 국립무용단이 창설되고, 이를 기반으로 한국 전통 춤의 근대화와 극장 예술화가 이루어졌으며, 세계적으로 '한국 춤'으로 인식되는 〈화관무〉, 〈부채춤〉, 〈장고춤〉 등의 신무용기의 대표적인 레퍼토리가 창작되고 유행하던 시기였다. 그리고 서양의 고전 춤인 발레가 세계화되고 국제적으로 보급되던 시기였는데, 우리나라의 경우도 국립발레단이 만들어지고 국립무용단을 거점으로 극무용 형식이 처음으로 시도되던 때이기도 하다. 발레의 본질적인 특성 중의 하나가 바로 발레 드라마로서 극적인 형식을 지닌다는 데 있다. 따라서 급격한 근대화가 이루어지던 그 당시 한국에서 우리의 전통 춤을 가지고 극적인 이야기를 시도한 것은 서구 춤의 영향으로 볼 수 있다. 그러나 1960년대 당시 세계 발레의 흐름은 극적인 구조를 뒤로하고 추상의 경향으로 나아가고 있을 상황이었다. 그리고 한국 무용과 발레, 그리고 현대 무용의 장르 구분이 분명하게 자리 잡게 되는 1970년대를 거치면서 70년대 말에 이르러 신무용이란 용어를 대신해 한국 창작 무용이란 용어가 쓰이기 시작한다. 한국 창작 무용이란 우리의 전통 춤에 입각한 서양식 예술 춤의 양식을 뜻하는 것으로 이로써 신무용의 시기는 마감된다.

서양의 신무용이 국내에 처음 소개될 당시 1920년대와 30년대의 한국 사회의 분위기는 신지식인들의 신문화에 대한 열망이 서구문화를 이상시하고 전통문화를 부정하는 태도를 낳았다. "개화기 이후 지속되어 온 과도기적 성격, 즉 동도서기(東道西器)와 같은 어설픈 자세에서 탈피해 서도서기(西道西器)적 입장에서 서구의 근대문화를 본격적으로 도입, 이식, 접목하려 했다. 이러한 과정에 지식인들은 기존의 전통문화가 신문화를 건설하는 데 심각한 방해물이 되는 것으로 보았고, 이에 따라 전통문화에 극히 부정적 태도를 취했다."[15] 1900년대 개화기에 서양의 근대 학문을 수용한 신지식인들의 자세는 방법론적으로 두 가지 입장으로 나뉘었다. 전통 유학, 즉 기존의 도에 서구의 방법론을 선택적으로 접목하려는 동도서기(東道西器)의 입장과 서구의 이론에 전통문화를 선택적으로 적용하려는 서도동기(西道東器)의 입장이 그것이었다. 그런데 신속한 신문화의 건설을 열망한 당시 한국인들은 변화에 장애가 되는 모든 것을 극히 부정적으로 바라보았으며 구태를 내버리는 데 앞장섰다. 한국인 최초의 신무용가 최승희도 활동 초기 일본 유학을 통해 서양의 춤의 정신(西道)과 서구 테크닉(西器)으로 작업했다. 우리 춤의 전통을 모두 부정한 신무용의 선구자들은 당시 전통 춤 종사자들과는 다르다는 대단한 엘리트 의식을 지니고 있었다.

그러나 '경제입국(經濟立國)'이라는 국가적 목표를 지녔던 1960년대의 한국 사회는 본격적인 공업화가 이루어지고 근대화, 즉 서구화만이 살아남을 수 있는 길임을 강조하며 커다란 변화를 겪게 된다. 이 시기의 한국인들은 '자본주의적 욕구의 혁명'과 '기술혁명'을 경험하게 되는데, 이는 물질적 가치를 지향하기 위한 수단으로서 기술, 즉 지식과 아이디

15 최봉영, 앞의 책, 1997, 299쪽.

어 그리고 욕구의 발견이었다. 당시 기술에 기초한 자본주의적 삶을 영위하고자 열망한 한국인들은 기술로서 나라를 새롭게 건설하고자 하여 '기술입국(技術立國)'이라는 말을 유행시켰다. 기술 개발을 가능하게 하는 원천으로서 아이디어(idea)라는 것을 알게 되고, 기술과 아이디어의 원천이 되는 욕구에 대해 긍정적이고 적극적인 생각을 가지게 되었다. 그리하여 '분수', '청빈', '염치' 등은 더 이상 중요한 의미를 지니지 못하고 물질적인 힘의 획득이야말로 성공적인 삶의 척도가 되었다. 그리하여 급격하게 한국 사회는 욕구에 충실한 물질적인 사회로 변모했으며, 전통문화는 고갈되고 모든 문제는 경제로 환원되어 "GNP의 수치가 문화와 이념을 대신하게 되었다."[16] 1960년대가 진행되면서 한국 사회는 점차 자본주의적 삶에 적응되어가고, 서서히 민족적 국가적 자존심을 회복하고 일어서기 시작했다. 이러한 욕구와 아이디어, 기술의 범람과 민족적 자존감이 싹트기 시작한 사회적 분위기는 당시 한국 무용계에서 국립무용단과 국립발레단의 발족으로 이어지고, 한국 춤의 창작에서 서도서기(西道西器)적 자세로부터 서도동기(西道東器)적 자세로의 전환으로 나타나게 된다. 이러한 태도는 그녀의 활동 후기 한국의 춤사위에 기초한 동양의 발레를 만들고자 한 최승희의 생각에서 발견할 수 있다.

1908년 원각사라는 서양식 극장이 국내에 처음 만들어진 이후 1962년 국립무용단의 결성과 함께 한국의 전통 춤사위와 소재에 입각한 한국 극무용이 만들어질 당시의 한국 무용계에는 새로운 예술 창작의 패러다임이 자리 잡았고, 그 결과 춤의 커뮤니케이션 구조는 크게 변화했다. 우선 개인 안무자의 아이디어를 전달하기 위해 사실적이고 표현적인

16 최봉영, 앞의 책, 1997, 248쪽.

동작으로 의미와 볼거리를 창조하고자 한 신무용의 창작 구조는 근본적으로 서양식 예술 춤의 정신과 본질을 그대로 받아들인 것이며, 우리의 전통적인 춤의 정신과 존재 방식, 그리고 의사 소통 구조를 포기한 것이었다. 개인주의에 입각한 창조성과 표현성, 그리고 기교를 중시하는 스펙터클한 신무용적 특성은 20세기 초엽의 서양 근대 춤인 현대 춤과 발레의 모습과 유사했다. 극장 춤으로서 서구 예술 춤의 양식을 따르면서 전통 한국 춤이 가졌던 가(家) 중심의 집단적 창작 방식이나 공연 형식을 잃게 된 것은 물론이거니와 관객과 공연자 간의 만남이 이루어지는 양방향의 상호주의 원칙의 커뮤니케이션 성격도 사라졌다. 대신 창작과 공연에서 개인주의 정신이 자리 잡고 무대에서 객석으로의 수직적이고 일방적인 이야기 방향이 형성되었다. 대낮의 뜰이나 마을 공터에서 추어지던 춤이 객석과 분리되어 조명을 받게 되면서 일상성을 상실하게 되고, 극장이라는 공간이 지니는 가상과 환상의 요소가 춤의 성격 전반에 영향을 미치게 되었다. 따라서 무용수 역시 현실의 고리를 끊고 완전히 극장적인 존재로 재탄생하게 되었다. 그리하여 서양 춤에서 집중적인 주목의 대상이었던 젊고 유연한 육체의 아름다운 무용수의 기교와 미소를 신무용에서도 발견할 수 있게 되었다.

전통 한국 춤에서 본질과는 무관한 수단으로 생각해 경시받았던 춤의 매체인 기교나 몸은 신무용기에 이르러 절대적인 주목과 관심의 대상으로 부각되었다. 기존의 스텝은 좀 더 정교해지고 동작의 선 역시 한층 깔끔하고 분명하게 다듬어졌으며, 템포는 더 빨라지고 다양한 대형의 변화가 들어오고 움직임을 실시하는 데 더 많은 파워와 감정이 들어오게 되었다. 그리하여 전반적으로 시각적으로 화려하고 현란한 볼거리의 춤이 신무용의 두드러진 특징이라 하겠다. 이렇듯 동작의 선이 분명한 형태로 드러나는 춤을 위해 의상 역시 바뀌게 된다. 전통 한국 춤의 의상은 폭이 넓고 느슨해 몸을 가리는 데 그 특색이 있다. 이는 신체 부위를 노출하는 것이 천박하거나 비도덕적이라 생각한 우리의 윤리 의식에 기인하는 것이기도 하지만 우리는 일상의 복식마저도 우리 사회의 도덕적 가치인 겸손함과 정숙성을 표현하기 위해 입었기 때문이다. 따라서 우리의 전통 복식은 몸과 옷 사이에 공간적 여백을 두어 개인적인 체취나 몸의 선이 직접적으로 드러나지 않도록 중간지대를 만드는 역할을 한다. 따라서 옷의 형태를 결정하는 데는 그 옷을 입은 사람의 신체 실루엣보다 옷 그 자체의 전체적인 형태가 우선한다. 그러나 신무용의 의상은 신체의 실루엣이 뚜렷하게 드러나게끔 변화했다. 빠르고 정교한 춤사위를 위해 가볍고 하늘하늘한 천으로 만들어진 홑겹의 치마를 몸에 감아서 허리에 끈으로 묶었다. 그리하여 폭이 넓고 긴 무거운 겹겹의 치마는 사라지고 몸매가 완전히 드러나 홑치마 아래로 다리의 실루엣이 나타나고, 서양 춤의 경우처럼 발이 완전히 드러나게 되었다. 그 결과 개인의 개성적인 몸매를 강조하는 의상은 무용수들을 각기 개성적인 표현체로 돋보이도록 하는 효과를 주었다.

그리하여 무대 위의 무용수가 관객의 주의 깊은 응시와 예술적 감상을 요구하는 자기 주장과 자기 표현이 분명한 존재로 변모했다. 이러한 경향은 전통 궁중 춤의 의사 소통에서 발견할 수 있었던 보는 이를 중심으로 행동하고 자기의 주장이나 자신을 비교적 적게 드러내고 다른 사람의 입장을 고려하는 특성과는 다른 것이다. 그리고 무용수의 몸짓에서도 전통 한국 춤에서 발견할 수 있었던 구용과 같은 신중하고 겸손한 몸짓 코드나 기호적 특성도 사라지게 되었다. 대신 기술과 아이디어, 그리고 욕구에 충실한 몸이 자리 잡았다. 기교 지향적이며 역동적인 몸짓과 명료한 메시지와 표현성을 추구하는 동작 기호적 특성을 지닌 신무용수들은 시각적 응시의 대상으로서 공연하는 육체였다. 그리고 그러한 춤 동작과 무용수들은 객석에서 바라보는 한 시점을 위한 시각적 형태들이었다. 이는 원근법적이고 시각적인 공간인 극장 무대에서 춤추게 되면서 오는 또 다른 변화였다. 극장 공간이 지니는 원근법적인 구도는 하나의 시점을 중심으로 사물을 배치하고 왜곡함으로써 삼차원적 현실감에 대한 환상을 만들어 내는 시각적인 세계이다. 이러한 무대 위의 환상 세계는 자본주의를 경험하면서 한국 사회에 만연한 권모와 술수, 즉 '모로 가도 서울만 가면 된다'는 식의 목표를 위해 어떤 수단도 가리지 않는 한국 사회를 닮아 있었다. 그런 조명으로 눈부신 환상의 시각 세계에서 구체적이고 스펙터클한 형태로 눈에 보이지 않는 무용수의 기의는 발붙일 곳이 없어진다. 그리하여 전통 춤에서 발견되던 무용수와 움직임의 통합은 희미해지고 모든 의미는 시각화되어야만 인식하게 되었다. 이는 전통 탈춤판에서 춤의 내용이 현실이거나 현실의 연장임을 은연중에 분명히 함으로써 관객들의 사고와 감정을 자극해 자연발생적인 참여를 유도해 함께 소통하는 관객과 연희자의 관계와는 많이 다르다. 그리하여 신무용의 관객들은 수동적으로 일방형의 수직적인 의사 소통의 수용자로 전락했다. 이러한 관객의 처지는 전통 춤의 의사소통 구조에서 발견할 수 있었던 쌍방향의 수평적인 의사 소통의 생명력을 상실한 것이라 생각한다.

이렇듯 자기 주장과 자기 표현이 분명한 개성적 표현체로서 무용수의 등장과 기교와 기술 개발에 열중하고 창조와 표현을 중시하는 신무용의 경향은 모두 전달 매체의 정확성을 중시해 메시지의 객관성과 명료성을 얻고자 하는 서양적 장치였다. 그리고 궁극에는 안무자 개인 아이디어의 커뮤니케이션을 위한 것이었다. 앞서 II절에서 살펴본 바 있듯이 메시지의 명료화는 서양의 의사 소통에서 중심적인 가치이다. 분명한 아이디어의 표현은 훌륭한 창작성으로 평가받았다. 이러한 명료한 메시지와 아이디어를 중시하는 경향은 일상의 의사 소통에서도 근대적 사회에 적합한 행동 방식이 되었다. 해방 이후 민족교육과 민주교육을 받으며 성장한 4·19 혁명 세대는 식민지 교육을 받은 기성 세대와는 매우 다른 생각을 가지고 있었다. 언론, 출판, 집회, 사상의 자유를 위해 학생들에 의해 주도된 민주화운동이 국민적 호응을 얻어 대통령을 하야시키고 새로운 정부가 들어서게 한 것은 장유유서의 유교적 가치 기준과 사회 질서를 일거에 무너뜨리는 사건이었다. 더 이상 기성 세대의 경험은 절대적인 존경을 기대할 수 없게 되었다. 그리고 자신의 생각과 아이디어를 분명히 하고, 국가의 문제를 새로운 각도에서 바라보고 해결하고자 한 당시의 젊은이들은 '모던'이라는 이름으로 진행된 시대의 첨단 유행으로서 몸과 춤을 새롭게 인식하고 경험한 세대였다. 자신의 아이디어를 위해 목숨을 걸고 혁명을 한 세대들은 자기 주장과 자기 표현이 강하고 소통 방식에서 솔직하고 적극적이며 거침없는 신체적 태도를 가졌다. 그리고 이들은 자신의 생각을 행동으로 거침없이 표현하는 것이 조국 근대화에 기여하는 일이라 생각했다.

이에 앞서 신문화와 함께 국내에 들어온 댄스와 스포츠를 앞세운 신체문화의 열기는 근대적인 춤과 몸의 전형을 국내에 소개했고, 5백 년간 유교식 예법과 절도에 묶여 있던 한국인들의 신체와 움직임을 계몽했다. 서구적인 몸과 움직임 스타일의 미의식을 앞세우고 1960년대 한국 사회를 풍미한 춤과 재즈의 열기는 절제와 극기를 강조하는 수신(修身)의 자세나 구용(九容)과 같은 무겁고 공손하고 단정한 태도와 같은 움직임 코드로부터 한국인들의 몸과 마음을 해방시켰다. 1920년대 사교춤과 함께 한국 사회에 불어닥친 춤바람의 열기는 60년대 말까지 진정될 줄 몰랐고 곗바람, 치맛바람과 함께 한국의 3대 바람으로 자리 잡았다. 당시 계몽된 신여성과 자유부인에게 춤은 모더니즘과 민주주의 그리고 여성해방운동과 독립을 실현하는 수단이었다. 그리고 1920년대 말부터 재즈가 유행하기 시작하면서 한국 사회에 형성된 '재즈적 현상'은 모던 보이와 모던 걸들의 말과 행동을 '댄스식 걸음걸이'나 재즈식으로 바꾸어 놓았는데 "재즈식은 경박하고 스피드 있으며 과감하고 거침없는 행동"[17]을 말하는 것이었다. 이런 스피드가 있고 과감하고 경박한 동작 특성은 전통 춤의 입장에서 당시의 신무용을 바라볼 때 똑같이 지적될 수 있는 동작적 특성이었다. 따라서 1960년대에 이르러 한국인들의 춤과 몸은 거의 근대화, 즉 서구화가 완성되었다고 할 수 있다. 즉, 1930년대 잡지 표지와 삽화에서부터 전개된 여성들의 서구화, 즉 서양 미인화와 관능적인 서양 미인의 몸의 소개는 1960년대에 이르러 공략할 수 없는 탄탄한 사회적 전형으로 자리 잡았다. 그리고 움직임의 기본 리듬과 행동 방식 역시 전통적인 엄숙하고 신중한 몸가짐으로부터 훨씬 솔직하고 자유분방한 방식으로 진행되었다. 이는 일상의 삶에서 이루어지는 신체문화의 근대화, 즉 서구화였다고 할 수 있다. 그리하여 1960년대 근대적 대중문화가 형성될 당시의 문화 커뮤니케이션 코드에는 신체적이고 춤적인 행동 코드 혹은 동작 기호적 특성이 강하게 내포되어 있었음을 부인할 수 없다.

그러므로 1960년대 일상 행동의 기호적 특성은 무대 위의 움직임 코드와 많이 닮아 있었다. Ⅲ절에서 지적한 바 있듯이 일상적인 시간성과 공간감을 공유하는 우리 춤의 성격으로 인해 근본적인 움직임의 리듬과 호흡이 일치하기 때문인지는 몰라도 과거에 비해 아이디어나 동작 형태에서 솔직하고 분명하며 그 전개에서 스피드 있고 적극적으로 자기를 주장하고 표현하고자 하며 기술을 중시하고 욕구에 충실한 모

17 김진송, 『서울에 딴스 홀을 허하라』, 현실문화연구, 1999, 167쪽 재인용.

습 등의 여러 측면에서 동일한 코드를 공유한 것으로 보인다. 그리고 동일한 코드를 공유하는 움직임 방식은 커뮤니케이션 방법에서도 유사한 구조를 지니게 마련이다. 그리하여 간접적인 표현을 중시하고 자신을 드러내기를 꺼리고 함축적이며 완곡한 의사소통법 대신 사실적이고 직접적인 표현과 자기 주장과 표현이 분명하고 전달 매체의 정확성을 중시해 메시지의 객관성과 명료함을 추구하게 되었다. 이런 변화는 모두 근대화 과정에 있던 당시 한국 사회의 문화 코드에 동참하는 일이었다. 그리하여 예법에 얽매인 반신체적인 유교문화, 즉 구학(舊學)의 영향에서 벗어나 근대적 춤과 몸의 인상으로 상대적으로 신체화된 1960년대 한국인들은 '잘살아 보세'라는 기치 아래 70년대 초 일어난 새마을운동에 모두 노동으로, 몸으로 동참할 수 있었다.

전통 탈춤판에서 관객들의 사고와 감정을 자극해 적극적으로 참여하도록 하여 관객과 공연자가 만나는 커뮤니케이션 구조에 비해 극장의 프레임 속에 조작되는 매체적 메시지를 수동적으로 시각 중심적으로 받아들이는 근대적 커뮤니케이션 구조는 제한적이며 단편적인 소통 방식이라 본다. 따라서 그러한 변화가 커뮤니케이션 신호 수신자와 송신자 쌍방의 이익을 위한 진화인지에는 의문의 여지가 있다. 하지만 그러한 커뮤니케이션의 변화를 문화적 변화, 즉 커뮤니케이션 코드의 변화라는 측면에서 본다면 그리고 그 당시 춤의 열기와 신무용의 인기, 그리고 새마을운동에 동참한 사람들이 그토록 열망하던 조국 근대화 정신의 측면에서 본다면 필연적인 선택이었음을 이해할 수도 있다. 국가적 빈곤을 극복하고 자본주의적 경제 성장의 길로 접어든 당시 사람들에게는 가난의 한을 풀고 외국의 도움 없이 잘사는 길은 바로 이미 잘살고 있는 서구적인 문화 코드를 선택하는 길뿐이었기 때문이다.

Ⅴ. 맺음말

춤을 통해 나타나는 한국적 움직임 커뮤니케이션의 특징을 살펴보기 위해 먼저 한국 사회의 구조와 문화적 특징을 먼저 살펴보고 그로부터 한국인의 의사 소통, 즉 커뮤니케이션 사상을 서양의 사상과 비교하는 관점에서 살펴보았다. 커뮤니케이션 사상에서 말보다는 몸을 중시하는 언어최소주의적인 생각은 기표보다 기의를 중시하고 기표와 기의의 분리가 아닌 통합을 의사 소통의 이상으로 삼았다. 그리하여 구용과 문질빈빈(文質彬彬) 같은 성공을 위한 사회적 몸의 표현법, 즉 움직임 커뮤니케이션을 공부하고 시행하고자 한 조선조 선비들에게 비언어 커뮤니케이션은 인간 관계에서 자아의 발견과 완성을 도모하는 길일 뿐 아니라 나아가 자아의 외연적 확장을 통해 이상적 정치와 사회 건설을 이루는 중요한 기초였다. 그리고 유교문화에 입각한 커뮤니케이션 사상과 비언어적 커뮤니케이션의 특성들을 한국 춤을 통해 살펴보았다. 유교적 커뮤니케이션의 근본 원리인 예(禮)의 정신이 한국 춤에 어떻게 나타나는지, 그리고 관객과의 관계와 소통 구조를 서양의 춤의 구조와 비교해 살펴보았다. 그리고 전통 한국 춤에 나타나는 공통된 몸짓 코드 혹은 움직임의 기호적 특성을 구용과 유사하다고 지적했다. 그리고 한국 춤은 공연자와 관객이 만나 마음의 일치를 이루는 교차로의 역할을 하는 중심으로 상호주의 원칙의 움직임 커뮤니케이션이 일어나는 곳이라는 점을 발견했다. 그리하여 한국 춤의 몸짓과 소통 방식은 우리 사회의 문화적 특성과 커뮤니케이션 사상을 반영하고 있음을 알 수 있었다.

1960년대 경제입국을 위해 매진하던 한국 사회에서 유행하던 신무용은 전통적인 한국 춤의 정신과 존재 방식, 그리고 의사 소통의 구조를 포기하고 근대적인 서구의 의사 소통의 구조 위에서 작업했다. '자본주의적 욕구의 혁명'과 '기술 혁명'을 경험한 1960년대 한국인들은 물질적 가치를 지향하기 위한 수단으로서 기술, 즉 지식과 아이디어 그리고 욕구를 발견했다. 기술과 아이디어, 그리고 욕구는 무용 창작에서도 새롭게 각광받는 중심적인 가치가 되었다. 개인주의에 입각해 창조성과 표현성, 그리고 기교를 중시하는 스펙터클한 춤은 20세기 초엽 서양의 춤을 닮아 있었다. 자기 주장과 자기 표현이 분명한 개성적 표현체로서 개인 무용수의 등장과 기교와 기술 개발에 열중하고 창조와 표현을 중시하는 신무용의 경향은 모두 메시지의 객관성과 명료성을 얻고자 하는 서양 커뮤니케이션의 기본 사상에 충실하고자 한 노력이었다. 그리고 무대 위의 신무용수의 움직임 특성과 어법은 일상의 몸짓 코드와 크게 다르지 않았다. 동작 형태나 아이디어 면에서 솔직하고 분명하며, 그 전개에서 스피드 있고 적극적으로 자기를 주장하고 표현하고자 하며, 기술을 중시하고 욕구에 충실한 모습은 신문화와 함께 근대적인 춤과 몸의 전형으로 서구화된 가무민족 후예들의 신체화된 모습이었다.

〈참고 문헌〉

김말복, 「신체문화와 무용」, 『한국무용예술학회지』 제14집, 2004.

______, 「무용수의 몸」, 『한국무용예술학회지』 제15집, 2005.

______, 「억압에서 해방으로」, 『한국무용예술학회지』 제16집, 2006.

김숙현 외, 『한국인과 문화 간 커뮤니케이션』, 커뮤니케이션북스, 2001.

김우룡 외, 『비언어적 커뮤니케이션론』, 나남출판, 2004.

김정탁, 『禮 & 藝』, 한울아카데미, 2004.

______, 「노장, 공맹 그리고 맥루언까지」, 『월간 NEXT』, 2004.

김진송, 『서울에 딴스 홀을 허하라』, 현실문화연구, 1999.

신명호, 『궁중문화』, 돌베개, 2002.

이상희, 『조선조 사회의 커뮤니케이션 현상연구』, 나남출판, 1993.

이승환, 「몸의 기호학적 고찰」, 『기호학연구3/ 삶과 기호』, 문학과지성사, 1997.

______, 「성(聖)의 기호학」, 『기호학과 유교문화』, 한국기호학회 2003년도 춘계학술대회, 2003.

임희섭 외, 『한국의 문화변동과 가치관』, 나남출판, 2002.

조용진, 『얼굴』, 사계절, 1999.

최봉영, 『한국문화의 성격』, 사계절, 1997.

한국기호학회, 『몸짓언어와 기호학』, 문학과지성사, 2002.

홍기선, 『인간커뮤니케이션』, 나남, 2002.

Hall, Edward, *The Hidden Dimension*, New York: Anchor Books, 1966.

찾아보기

[ㄱ]

가부장제 14, 35, 50, 56, 126, 131, 150

가족 관계 23, 36, 113

가족사회학 23, 27, 32, 33

개인주의 183, 193, 201, 208

갬슨(W. A. Gamson) 66

건강 신념 모형 106

건강 위험 행동 11, 96-98

건강 행동 12, 95-97, 100, 102, 115, 116

건강 행동 변화 95, 96, 106, 112

건강 행동 이론 98, 102, 107

건강 행동의 생태학적 모형 95, 96

걸개그림 164, 165

격몽요결(擊蒙要訣) 195

결혼 강간 28, 31

결혼 생활 만족도 33, 37-40, 42, 51-55

계획된 행동론 106

고름우유 사건 62

고프먼(E. Goffman) 24

공중관계학(PR) 72

구성적 외부 140

구용(九容) 180, 185, 195, 202, 204, 207

궁중 춤 176, 186, 189-191, 195, 202

귀족 춤 188

극장 춤 201

금연 11, 12, 97, 98, 100-102, 104-109, 111-114

금연 결정 요인 106, 107

금연 중재 102, 106, 107, 112-115

금연 중재 프로그램 102-105, 112, 114, 115

금연 커뮤니케이션 105

기든스(A. Giddens) 25

기술혁명 199

기운 생동(氣韻生動) 194

기의(signified) 178, 184, 186, 192-194, 203, 207

기틀린(T. Gitlin) 66
기표(signifier) 178, 179, 182, 184, 186, 192, 193, 203, 207
깃발그림 165

[ㄴ]
남편 무덤덤형 33
남편 요구형 33
남편 의무형 33
노동운동 163, 165
누드화 154, 155
뉴만(W. R. Neuman) 68
뉴스 프레임 64, 66, 67

[ㄷ]
다차원적 금연 중재 112
대지로서의 어머니 148, 152
던컨(C. Duncan) 151
데이트 강간 28
동기 강화 상담 108, 110
동성애 25, 28, 30, 144
동작 기호 16, 177, 192, 193, 196, 202, 205
디클레멘티(C. C. DiClemente) 107

[ㄹ]
라이언(C. Ryan) 30
라캉(J. Lacan) 122
레이 밍추(Lai Ming-chu) 150, 154
렌(O. Renn) 72
로드분(S. Rodboon) 150
로버트(M. Robert) 31, 36, 37
로슨(A. Lawson) 28, 32
롤닉(S. Rollnick) 110
루빈(L. Rubin) 24, 29
리(J. W. Rhee) 66
리치(A. Rich) 144, 147, 163, 170

[ㅁ]
만두 파동 62, 88
맥루언(M. McLuhan) 194
맥알리스터(A. McAlister) 71
맥콤스(M. McCombs) 65
모더니즘 운동 159
모성 14, 15, 36, 121, 130, 131, 135, 143-148, 150, 153, 156-159, 163, 164, 166, 167, 169-172
모성 도상(母性圖像) 12, 14, 15, 144, 145, 157, 160, 162
모성 보호 165
모성의 젠더화 167, 168
몸의 언어 138, 178, 191
몸짓 178, 179, 182, 186, 190, 193, 195-197, 202, 207
몸짓 소통 176, 197, 198
문질빈빈(文質彬彬) 180, 185, 207
문화 커뮤니케이션 205
미디어 프레임 65, 67, 68, 73, 74, 82-85, 87
미디어 효과 이론 64
민속 춤 176, 186, 187, 196
민주화운동 204

민중미술 14, 159, 161, 162, 165, 167, 171
밀러(W. R. Miller) 110

[ㅂ]
반(反) 성 혁명 31
발레극 191, 193
발레 드라마 198
발켄버그(P. M. Valkenburg) 67, 77, 79, 87
배우자의 외도 44, 48-50
버나드(J. Bernard) 26
버틀러(J. Butler) 122, 123, 129, 139, 140
범이론적 모형 106
벡(U. Beck) 69
보건 커뮤니케이션 11, 12, 97, 115
복화술 130-134, 139
부르주아(L. Brourgeois) 158
부부간 성관계 10, 23, 25-27, 29, 31-34, 37, 38, 43, 44, 46, 51-57
부부간 성관계 만족도 33, 34, 37, 51, 52, 55, 56
부부간 성관계 빈도 36, 37
불립문자(不立文字) 178
비언어적 커뮤니케이션 175, 177, 178, 207
비제 르브렁(É-L. Vigée-Lebrun) 152
빈 둥지 증후군 39, 50

[ㅅ]
사교 춤 188, 204
사소절(士小節) 149
사이 공간(in-between) 141
사적 개인 183
사회적 무책임성 70
사회적인 위험 70
사회화 과정 30, 99
새마을운동 206
생물학적 노화 42
생애주기 38, 42, 55
생태학적 모형 11, 12, 95-97, 104, 105, 112, 114-116
생활 위험 70
성관계 관련 변수 38, 39, 41, 51, 52
성별 이데올로기 15, 171
성 불평등 28, 29
성 해방 31
세메트코(H. A. Semetko) 67, 77, 79, 87
섹슈얼리티 28, 29, 138
솔로춤 189
쇼(D. L. Shaw) 65
수신(修身) 180, 204
수행성(遂行性) 138-141
수행적 언어 140
스타 공연자 187
스파샷(F. Sparshott) 190
슬로비치(P. Slovic) 72
식품 사고 61, 62, 73, 75, 76, 78-80, 86, 88
식품 사고 보도 74
식품 안전 보도 11, 61, 64, 69, 72, 73, 87, 89
식품 안전 체감지수 (FSSI) 61-63
신무용 16, 177, 198, 199, 201-203, 205-208
신체문화 204, 205
쌍쌍춤 188, 189

[ㅇ]
아이옌거(S. Iyenger) 65, 66
아키코 야마사키(Akiko Yamasaki) 150
안티고네(Antigone) 12, 13, 121-130, 138-140
알사이드(D. Altheid) 71
애도 131, 139
양육자 149, 165
어젠다 세팅 이론 65
언어도단(言語道斷) 178
언어최소주의 178, 184, 207
엔트만(R. M. Entman) 65, 66, 68, 73, 74, 77, 87
여성 미술 14, 167, 171
여성 언어 12-14, 121, 123-125, 129, 133, 138-141
여성적 글쓰기 124, 140
여성해방운동 205
예(禮) 180, 181, 184, 189, 207
예기(禮記) 180
오스틴(J. L. Austin) 139
오커네이드(A. Okunade) 71, 74
와인가르트(Weingart) 69
외도 45, 46, 48-50
우뇌형 인간 197
우울증 131, 134, 135, 137, 138, 140, 141
우울증적 언어 131, 139
움직임 커뮤니케이션 15, 16, 175-177, 185, 186, 191, 192, 195, 196, 207
위기(crisis) 69
위기 구축 68, 73, 74, 85
위기 커뮤니케이션 72
위대한 어머니 14, 145, 146, 152, 160, 172
위대한 여신 146
위버(D. Weaver) 65
위해(危害) 69, 70
위험 보도 10, 68-73, 82, 85-87
위험 커뮤니케이션 69, 72
위험(risk) 69
위험 사회 69
윌리스(J. Wilis) 71, 74
유교적 커뮤니케이션 192, 193, 207
이리가레이(L. Irigaray) 122
이면 영역(back stage) 10, 24, 25, 50
이중 성윤리 30, 31, 45, 54, 56
이중적 발성 131
인(仁) 182, 184
인간 커뮤니케이션 181, 189
일부일처제 27, 28, 44
일화적 프레임 66
입상진의(立像盡意) 178

[ㅈ]
자위 행위 28, 138
재즈적 현상 205
전통적인 위험 70
젠더 격차 26, 34, 38, 43, 54
조선인 징병제 153
주제적 프레임 66
중년의 위기 39, 47
증폭 63, 72, 84, 88
집단주의 72, 193, 194

[ㅊ]
춤 커뮤니케이션 191

[ㅋ]
커뮤니케이션 9-12, 15, 16, 65, 68-72, 97, 98, 103, 105, 115, 175-208
커뮤니케이션 신호 197, 206
켄나머(J. D. Kennamer) 71
코시키(G. M. Kosicki) 68, 73, 77, 87
클라인(M. Klein) 130
킨더(D. R. Kinder) 65

[ㅌ]
탈춤패 187
태교신기(胎絞新記) 149
터크만(G. Tuchman) 66

[ㅍ]
패러디(parody) 125, 129, 139
팬(J. Fan) 150
팬(Z. Pan) 68, 73, 77, 87
펀 뱅크스(K. Fearn-Banks) 72
페로(C. Perrow) 69
페리(C. L. Perry) 99
페미니즘 158
폴록(G. Pollock) 152
표면 영역(front stage) 24, 50
프라이스(V. Price) 67
프레임 연구 64, 66, 67
프레임 이론 64, 65
프로채스카(J. O. Prochaska) 107
플롯(plot) 190, 193
피터스(B. G. Peters) 71, 86

[ㅎ]
한국 가족조사 26
한국 창작 무용 198
합리적 행동론 106
행위자 프레임 82
헝(A. Heng) 150
헤겔(G. W. F. Hegel) 121
현모양처상 14, 151, 155, 170
혼놀드(J. A. Honnold) 71
혼외 관계 26, 28, 32, 44-47, 50-53, 55, 56
혼전 관계 25, 31, 46, 47, 56
혼전 성관계 30, 31, 43, 44, 55
혼전 성관계 허용도 46
혼전 순결 이데올로기 43
홀(E. Hall) 182, 192
홀스티(O. Holsti) 78
화용론 139
황민화 정책 153
후앙(K. S. Huang) 68
흡연 11, 12, 70, 95-101, 104-115